AF355137

Fútbol:
TRANSICIÓN DEFENSIVA

Concepto y 50 tareas para su entrenamiento

Manuel Jesús Crespo García

Título: FÚTBOL: TRANSICIÓN DEFENSIVA. CONCEPTO Y 50 TAREAS PARA SU ENTRENAMIENTO
Autor: MANUEL JESÚS CRESPO GARCÍA
Corrección del texto: MANUELA CASTILLO SOLER

Editorial: WANCEULEN EDITORIAL
Sello Editorial: WANCEULEN EDITORIAL DEPORTIVA

ISBN (Papel): 978-84-18262-69-2
ISBN (Ebook): 978-84-18262-70-8

DEPÓSITO LEGAL: SE 1063-2020

Impreso en España. 2020

WANCEULEN S.L.
C/ Cristo del Desamparo y Abandono, 56 - 41006 Sevilla
Dirección web: www.wanceuleneditorial.com y www.wanceulen.com
Email: info@wanceuleneditorial.com

ÍNDICE

INTRODUCCIÓN

En la iniciación al mundo del entrenamiento es muy usual intentar encontrar una receta o una fórmula que resuelva nuestras necesidades y que cubra las posibles lagunas que tengamos en nuestro conocimiento o en nuestra capacidad.

La complejidad y diversidad del juego hacen que haya que tener un conocimiento del mismo para su enseñanza y para su aprendizaje en algunos casos.

El fútbol está evolucionando y van apareciendo nuevos conceptos con diversidad de interpretaciones atendiendo a las distintas corrientes a las que seamos más afines. No obstante, creo que todo se puede adaptar y se le puede sacar rendimiento siempre que tenga una buena argumentación y no nos dejemos atraer por dogmas.

Este libro con tareas no pretende ser una respuesta matemática a las necesidades que pueda tener un entrenador para encontrar soluciones a los problemas que se le planteen. La intención es poder manejar recursos, adaptarlos a nuestra realidad de entrenamientos y que puedan introducirnos y orientarnos a conseguir en el entrenamiento los objetivos pretendidos.

He reducido el uso de material para simplificar y poder llegar a cualquier nivel de recursos y que puedan ser llevadas a cabo en cualquier realidad, sin necesidad de unos materiales que dificulten su realización.

Existen distintos tipos de tareas para la mejora del dominio colectivo de cualquier medio que queramos que nuestro equipo maneje durante el desarrollo de los partidos. Atendiendo a la metodología empleada, la duración, los espacios, el número de jugadores... pueden variar para satisfacer nuestro modelo de juego.

A continuación, desarrollaré distintas, tareas desde las más simples a las de mayor complejidad, para poder trabajar el concepto de la transición defensiva y que puedan formar parte de distintos modelos de juego ya que, atendiendo a las pretensiones de cada entrenador y a la metodología a emplear, cada uno debe introducirlas donde considere oportuno. Estas tareas carecen de un contexto y de una estrategia operativa, para los cuales necesitarán adaptación por parte del entrenador a todas las variables que crea que pueden tener incidencia en el desarrollo del juego de su equipo y a las características del mismo.

Todas las tareas propuestas carecerán de un contexto propio, del rival, la competición y la situación para el desarrollo de la estrategia operativa y el modelo de juego.

Castellano y Casamichana (2016) proponen este cuadro para la clasificación de las tareas según los metros cuadrados por jugador y de las demandas que serán exigidos los jugadores:

m^2 / jugador	1<2	3<4	5<7	8<10
<50	Fuerza		Recuperación	
<100				
<200	Frecuencia cardíaca		Velocidad	
>200				

En este libro se indicarán el número de jugadores y la división y distribución de los espacios. No obstante, para que la tarea se adapte a cada equipo, estado físico de los jugadores, modelo de juego y metodología, cada entrenador la deberá adaptar en cuanto a metros las distancias, los espacios e, incluso, en número de jugadores en algunos casos para tener un mejor desarrollo con su equipo.

Las tareas no tendrán límites de toques, contactos o golpeos para conseguir nuestro objetivo, ya que habrá jugadores que necesiten o decidan utilizar un número mayor por necesidades del juego, por condiciones técnicas o por condicionantes físicos de desarrollo. No obstante, al ser tareas abiertas, el entrenador podrá condicionarlas si lo cree necesario u oportuno para conseguir los beneficios pretendidos conociendo la realidad a la que las va a exponer.

EL CONCEPTO DE
TRANSICIÓN DEFENSIVA
EN FÚTBOL

Según Juanma Lillo *"El juego es una unidad indivisible, no hay momento defensivo sin momento ofensivo. Ambos constituyen una unidad funcional".*

Por cada fase que pueda pasar el juego condicionará lo que vaya a pasar después. Es importante todo lo que va pasando durante un partido para lo que acontece después.

La "historia" del juego condicionará el presente, lo que está pasando, y nos preparará para el futuro, lo que va a pasar.

En las distintas interpretaciones del juego los autores nombran las fases o momentos de diferentes formas. De manera objetiva y sin ánimo de complicar la definición, estos son los momentos por lo que pasa el juego desde la perspectiva de un equipo y con el balón cómo protagonista:

Mi equipo tiene el balón:

- Lo puedo tener porque tenga que realizar el saque de inicio
- Puede estar detenido y lo pone en juego mi equipo.
- Mi equipo recupera el balón.
  - Puede ser un por un robo (se lo ha quitado mi equipo al rival).
  - Porque lo haya entregado el rival.
  - Porque salió fuera del terreno de juego tocado en último lugar por el otro equipo
  - Porque el rival cometió una infracción (teniendo el balón).
  - Porque se le marche al rival el balón del terreno de juego.

Mi equipo NO tiene el balón:

- Puede estar dividido el balón (ejemplo de un despeje del rival, un mal pase del rival, un balón a tierra, ...)
- Puede estar detenido el juego y lo pone en juego el rival.
- Pierdo el balón.
  - Puede ser por un robo (se lo ha quitado el rival a mi equipo).
  - Porque lo haya entregado mi equipo al rival.
  - Porque mi equipo cometió una infracción (teniendo el balón)
  - Porque se le marche a mi equipo el balón del terreno de juego.
  - Puede estar dividido por una acción previa de mi equipo.

Hablo de momentos o situaciones porque se producen cambios en los equipos ante ellos, no me gusta considerarlos fases porque estaríamos diseccionando el juego y sólo estoy enumerando por las circunstancias que pasa el balón con respecto a mi equipo. Es una forma de analizarlo de manera objetiva y nos puede servir para organizar nuestro modelo de juego ante ellos.

A partir de todo lo que puede pasar en un partido de futbol podemos organizar el juego de nuestro equipo, y si somos dominadores o controlamos todas estas "circunstancias" estaremos más cerca de poder ganar un partido (daremos sentido a parte de nuestro trabajo).

El juego es no es cíclico. La sucesión de los distintos "momentos" no es siempre la misma. Puedo tener el balón; no tenerlo y tenerlo el rival; tenerlo de nuevo; no tenerlo y que tampoco lo tenga el rival; tenerlo; tenerlo el rival,... Esta secuenciación del juego no tiene porqué ser siempre la misma, podemos pasar de un momento a otro por circunstancias del partido o porque un suceso nos lleve a otro.

Para el desarrollo de nuestro modelo de juego con el equipo durante los partidos, son importantes las transiciones, por que los equipos se manejarán de manera interna con las intenciones y los análisis llevan un alto grado de interpretación de lo que estamos viendo, pero para el desarrollo del juego en si, no. De nuevo hemos vuelto a etiquetar el juego y diseccionarlo para entenderlo (nosotros, los entrenadores).

Tamarit, X. (2007) nos habla de cuatro fases del juego en fútbol: *"ataque, defensa, transición ataque-defensa y defensa-ataque".*

La Real Academia de la lengua Española define la transición como *"acción y efecto de pasar de modo de ser o estar a otro distinto",* y ofensiva como *"que sirve para defender o proteger ".*

Cuando hablamos de transición defensiva, según González, A. en su libro Fútbol. Dinámica del juego desde la perspectiva de las transiciones en 2013, *"es la fase del juego en la que el equipo actúa sobre la pérdida del balón, se prepara ante ella, responde inmediatamente cuando se produce y empieza a aplicar los medios necesarios para tratar de volver a recuperar el balón o evitar recibir gol".*

Entiendo que las transiciones no son una fase del juego o un momento, se puede decir que es cómo pasamos de una fase a otra, es un proceso interno de cada equipo. Es lo que hace mi equipo para asegurarse poder hacer los movimientos, usar los medios o los principios con balón y sin balón.

Por lo tanto, la transición defensiva es cómo me preparo para defender cuando pierdo el balón. Las actitudes o comportamientos que tome un equipo cuando pierde el balón pueden tener como finalidad:

- Que el rival no avance rápido hacia nuestra portería y nos de tiempo a organizarnos defensivamente (evitar contra-ataque).
- Que el rival se precipite y llevar el juego a situaciones ventajosas previamente establecidas utilizando los medios o principios acordados. Que el rival no se pueda organizar ofensivamente.
- Recuperar rápido el balón en situación adelantada.
- Replegar.

Los objetivos alcanzables en el juego con un buen manejo de las transiciones defensiva como equipo son:

- Recuperar rápido el balón después de la pérdida.
- Imponer el ritmo de juego.

- Que el rival no pueda explotar los espacios que haya dejado mi equipo cuando estaba en posesión del balón.
- Evitar el contraataque.
- Poder replegar.
- Obligar al equipo contrario a estar tenso durante el juego. Someterlo a estrés.
- Llevar el juego a situaciones ventajosas.

En las tareas, los estímulos e indicadores para poner en marcha los mecanismos de nuestro equipo en las transiciones, serán estímulos propios del juego para identificar con claridad el momento de poder ponerlos en marcha y de que los jugadores puedan reconocer lo que está pasando y reaccionar. Realizar la transición después de un estímulo auditivo (voz del entrenador, silbato...) no será de ayuda para el aprendizaje. Por lo tanto, tiene que haber una recuperación por parte del rival o una pérdida del equipo.

SIMBOLOGÍA

Jugadores Equipo A	○
Jugadores Equipo B	●
Jugadores Equipo C	◉
Desplazamiento sin balón	
Control orientado	
Desplazamiento del balón	
Conducción del balón	
Desplazamiento del balón por alto	
Tiro a puerta	
Balón	

LAS TRANSICIONES DEFENSIVAS
EN FÚTBOL

50

TAREAS PARA SU ENTRENAMIENTO

Tarea N° 1	Objetivo Principal	Mejora de la transición defensiva
	Jugadores	12

Explicación

Un jugador blanco sale con balón y y uno del equipo negro sale sin balón. El jugador del equipo blanco intentará pasar el balón entre los dos conos y el del equipo negro intentará que no. Cuando pase o pierda el balón saldrá uno del equipo negro y el que pasó o perdió tiene que ir a presionarlo, cuando este pierda o tire saldrá uno del equipo blanco y así sucesivamente.

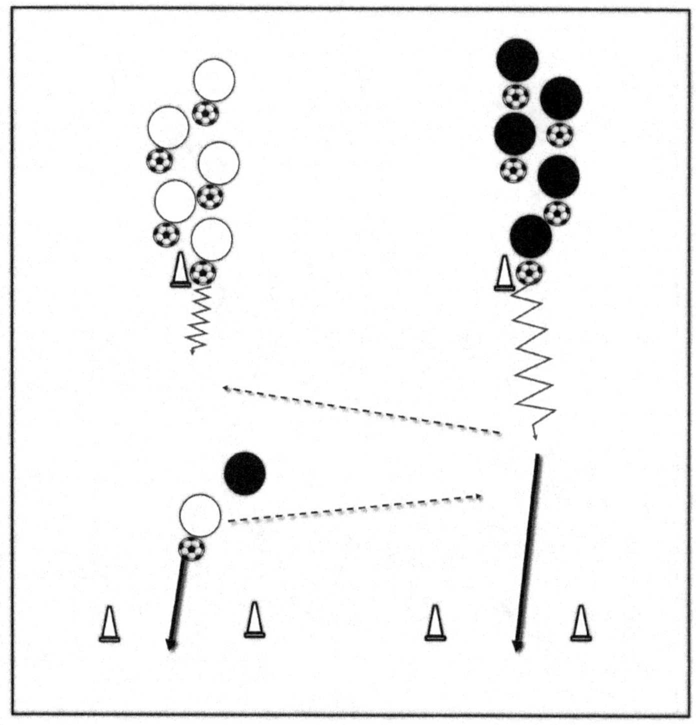

Tarea N° 2	Objetivo Principal	Mejora de la transición defensiva
	Jugadores	2
	Explicación	

Los jugadores se pasan el balón por parejas, cada uno en un cuadrado separado por un espacio, si al controlar el balón se sale del cuadrado, el jugador que no tiene balón tiene que intentar robar al que tiene antes de que se meta en el otro cuadrado.

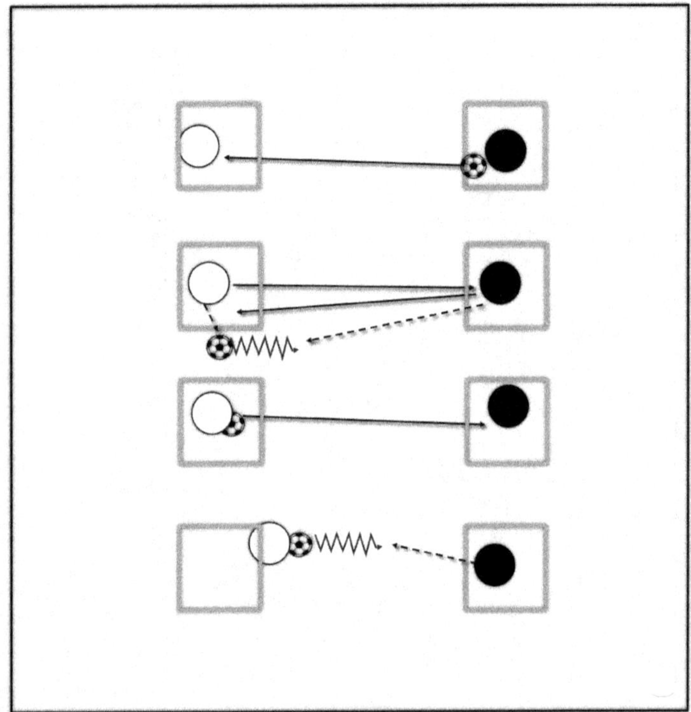

Tarea N° 3	Objetivo Principal	Mejora de la transición defensiva
	Jugadores	2
	Explicación	

Los jugadores se pasan el balón por parejas sin que caiga al suelo y cuando a uno se le caiga el otro tiene que presionar para recuperarla.

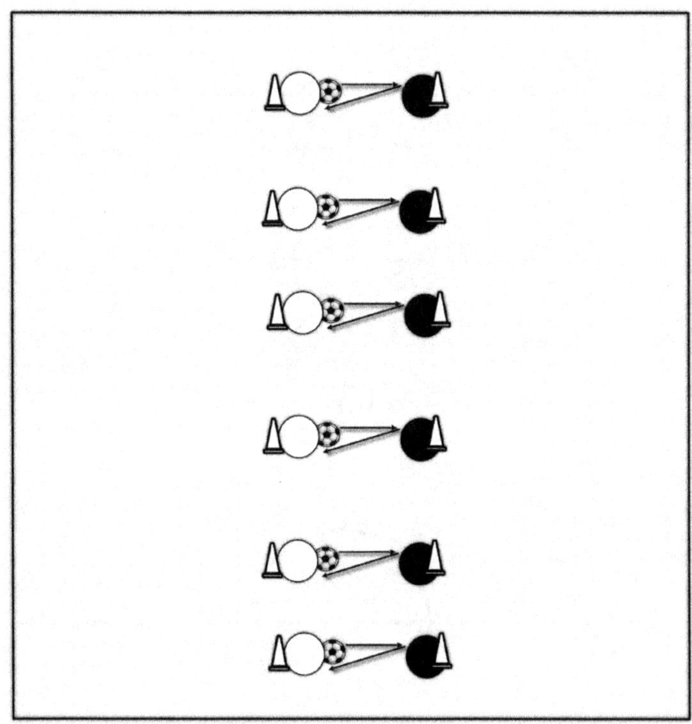

Tarea N° 4	Objetivo Principal	Mejora de la transición defensiva
	Jugadores	3 (1x1+P))

Explicación

Un jugador (equipo negro) tiene el balón y el otro (equipo blanco) intenta robar y atacar la portería. El jugador que pierde presiona rápido para que no pueda salir del rectángulo y atacar a la portería.

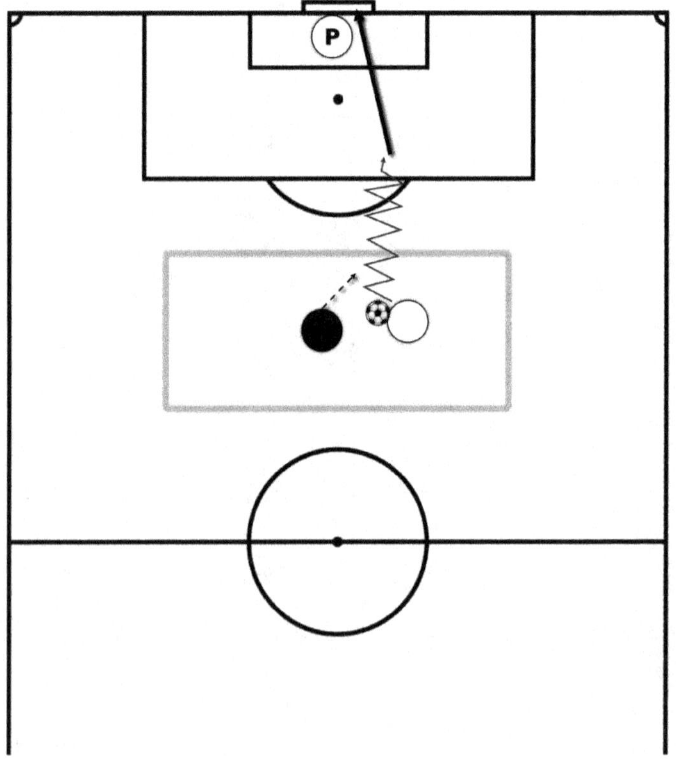

Tarea N° 5	Objetivo Principal	Mejora de la transición defensiva
	Jugadores	4 (P+2x1)
Explicación		

Los jugadores sitiados como en la imagen. Se pasan la pelota los 2 jugadores del equipo negro y el jugador del equipo blanco decidirá cuando cortar un pase para ir a lanzar a portería. Cuando lo haga los jugadores del equipo negro presionarán para que no pueda salir del rectángulo.

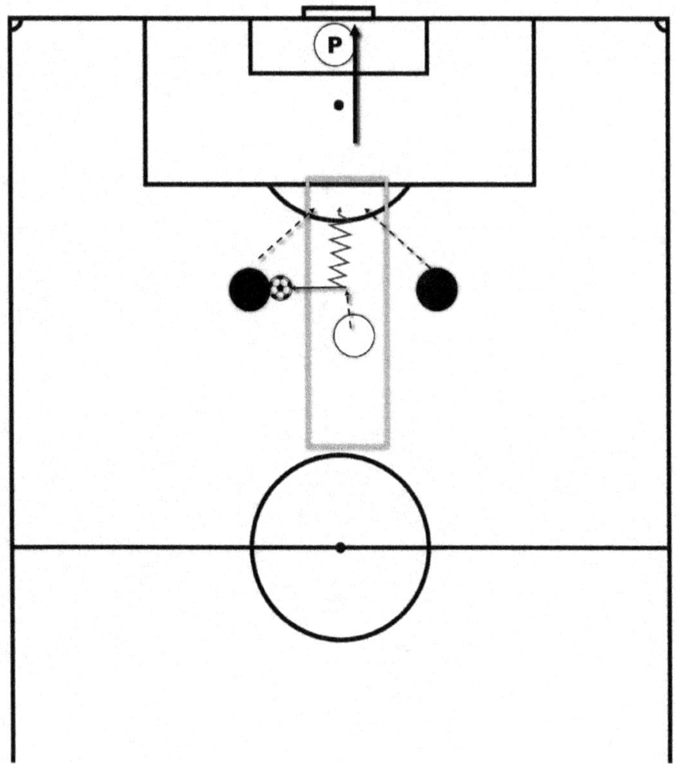

Tarea N° 6	Objetivo Principal	Mejora de la transición defensiva
	Jugadores	5 (P+2x1+1)

Explicación

Los jugadores distribuidos como en la imagen. El jugador del equipo negro tendrá el balón, cuando pierde el balón presiona y el compañero que esté en la línea presiona o intercepta el pase del jugador blanco a su compañero para que siga manteniendo la posesión el jugador del equipo negro y el equipo blanco no pueda atacar.

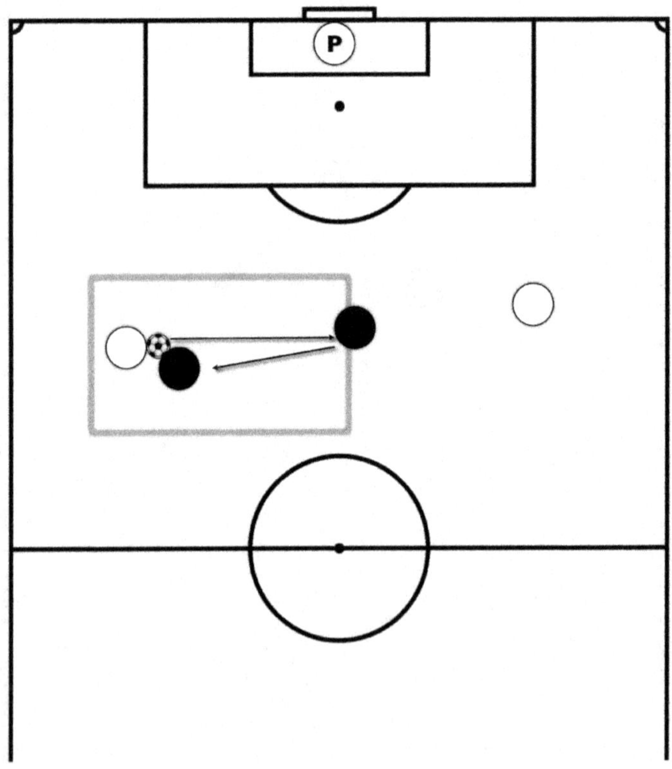

Tarea N° 7	Objetivo Principal	Mejora de la transición defensiva
	Jugadores	6 (P+2x2+P)

Explicación

Los jugadores situados como en la imagen. Se pasan la pelota los 2 jugadores del equipo negro y un jugador del equipo blanco decidirán cuando cortar un pase para ir a lanzar a una portería u otra (solo atacará uno). Cuando lo hagan los jugadores del equipo negro presionarán para que no pueda tirar.

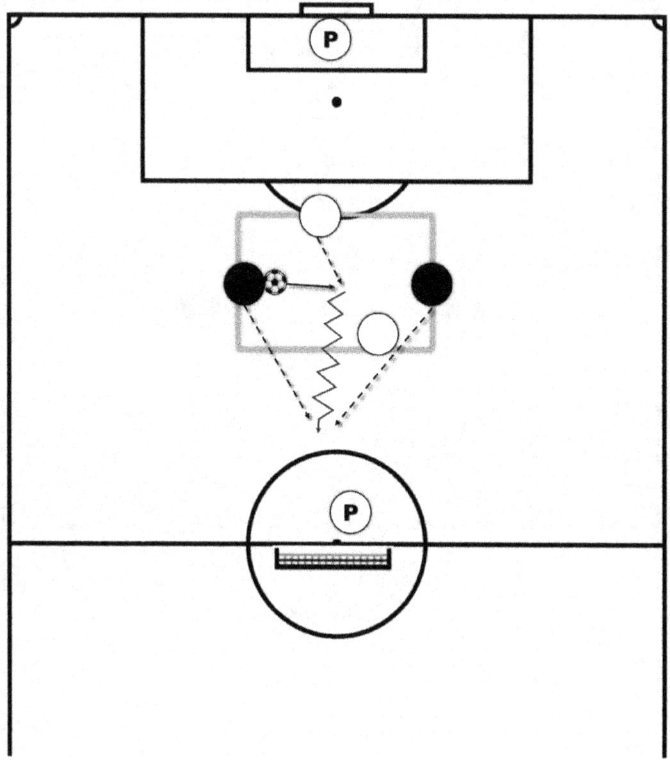

Tarea N° 8	Objetivo Principal	Mejora de la transición defensiva
	Jugadores	7 (3x3+P)

Explicación

Los jugadores se distribuyen como en la imagen (dos del equipo negro en los vértices más cercanos a la portería). El equipo negro cuando pierde presionará para que el equipo blanco no pueda atacar rápido hacia la portería.

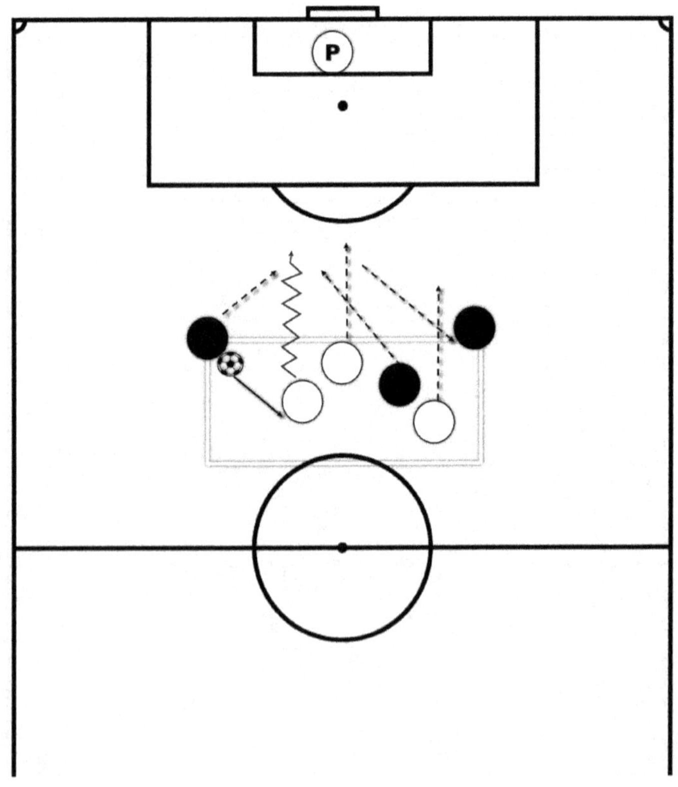

Tarea Nº 9	Objetivo Principal	Mejora de la transición defensiva
	Jugadores	6 (2x3+P)

Explicación

Los jugadores colocados como en la imagen, el equipo negro pasará el balón entre ellos, cuando jueguen con el más alejado de la portería, el equipo blanco podrá interceptar el pase y atacar hacia la portería. Al perder el balón el equipo negro, presionará para que no haga gol el equipo blanco.

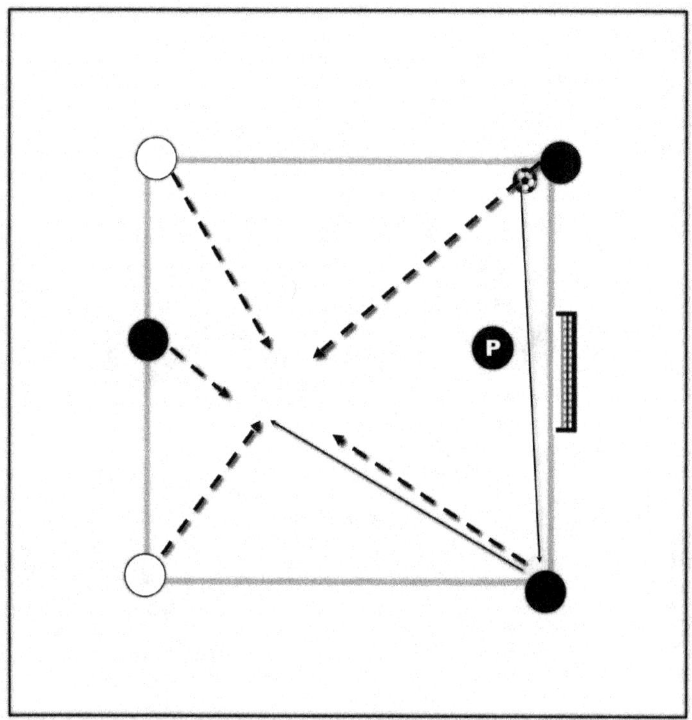

Tarea N° 10	Objetivo Principal	Mejora de la transición defensiva
	Jugadores	6 (2x3+P)

Explicación

Los jugadores colocados como en la imagen, el portero pasará a cualquiera de los jugadores y los jugadores del equipo blanco interceptarán un pase. En el momento que lo hagan el equipo negro presionará para que no tiren a portería.

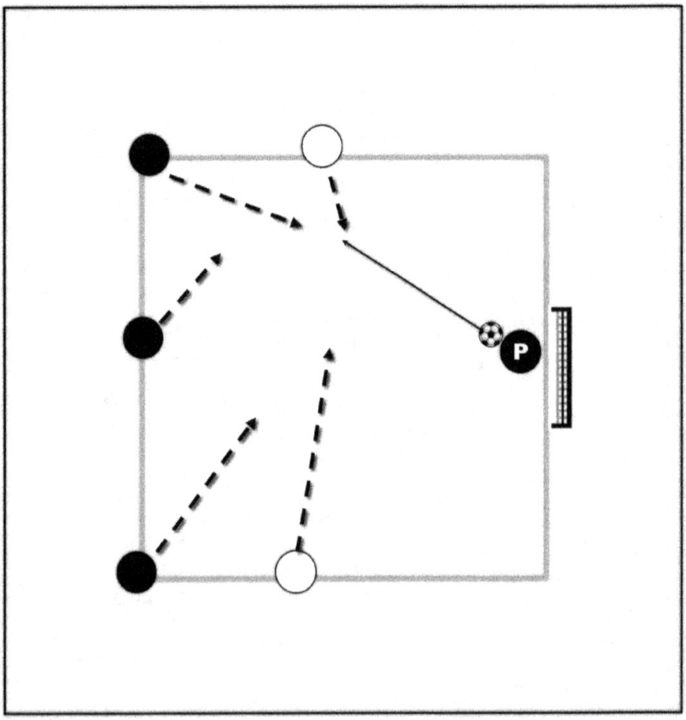

Tarea N° 11	Objetivo Principal	Mejora de la transición defensiva
	Jugadores	4 (2x1+1)

Explicación

Los jugadores distribuidos como en la imagen. Juegan 2x1 en cada cuadrado. El jugador del equipo negro intenta robar el balón y pasar al compañero que está fuera y los jugadores del equipo blanco intentarán que el balón no salga del cuadrado para que no llegue al jugador que está fuera.

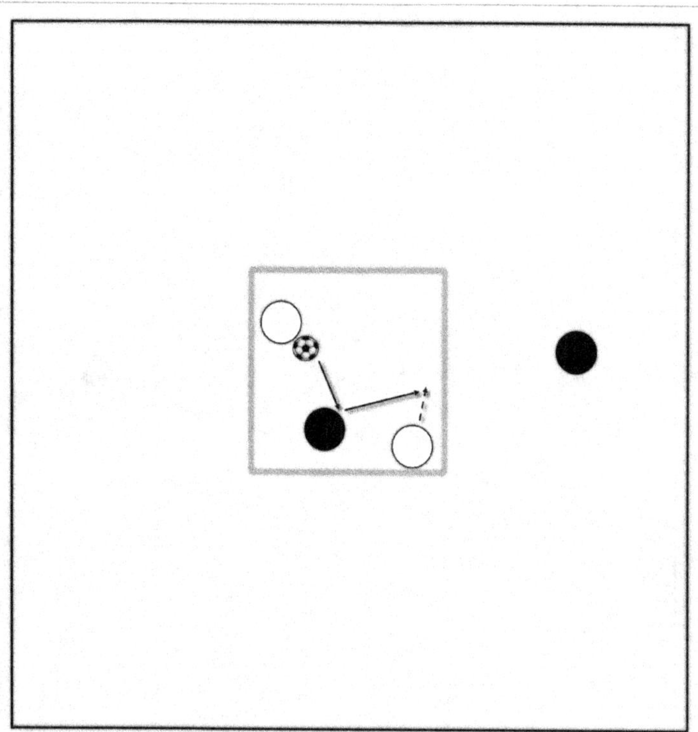

Tarea N° 12	Objetivo Principal	Mejora de la transición defensiva
	Jugadores	7 (C+1x1+C+1x1+C)

Explicación

Los jugadores distribuidos como en la imagen. Juegan 1x1+C en cada cuadrado. El jugador que roba intenta jugar con el comodín que está fuera, el que pierde lo presionará para que no lo haga el comodín que estaba fuera entra a mantener el balón con el que robó dentro del cuadrado si le llega el balón, el comodín que empezó dentro sale a esperar que recuperen el balón en alguno de los cuadrados y jueguen con él.

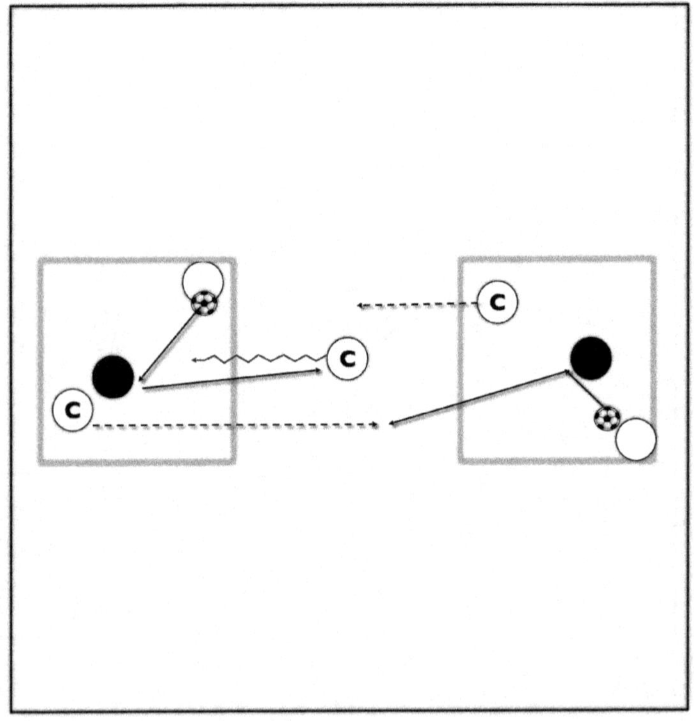

Tarea N° 13	Objetivo Principal	Mejora de la transición defensiva
	Jugadores	9 (4+Px+3+1)

Explicación

Los jugadores se distribuyen como en la imagen. Juegan 4 (equipo blancos) contra (equipo negro) en un cuadrado. Cuando recupera el equipo negro, pasan al jugador adelantado y salen del cuadrado todos los jugadores (los negros para atacar y los blancos para defender). El equipo blanco intentará que no jueguen con el jugador que está fuera y si lo consiguen, formará línea de 4 para defender el ataque.

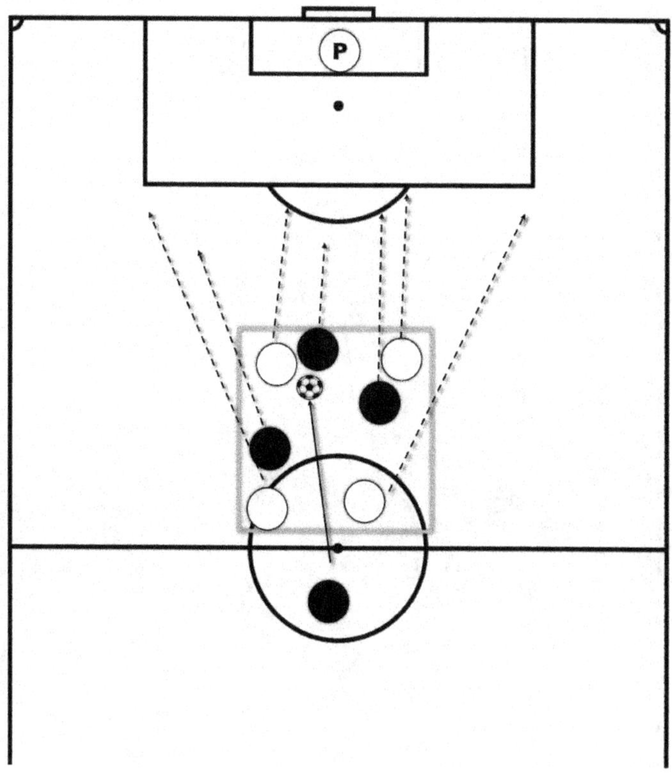

Tarea N° 14	**Objetivo Principal**	Mejora de la transición defensiva
	Jugadores	14 (4x3+2x4+P)

Explicación

Los jugadores se distribuyen como en la imagen. Juegan 4 (equipo blancos) contra 3 (equipo negro) en un cuadrado. Cuando recupera el equipo negro intentan pasar a uno de los dos jugadores que están fuera y el equipo blanco presionará para que no lo haga, si lo consiguen, todo el equipo negro atacará la portería que defienden 4 jugadores del equipo blanco en línea, los 4 jugadores que tenían el balón en el cuadrado y el portero.

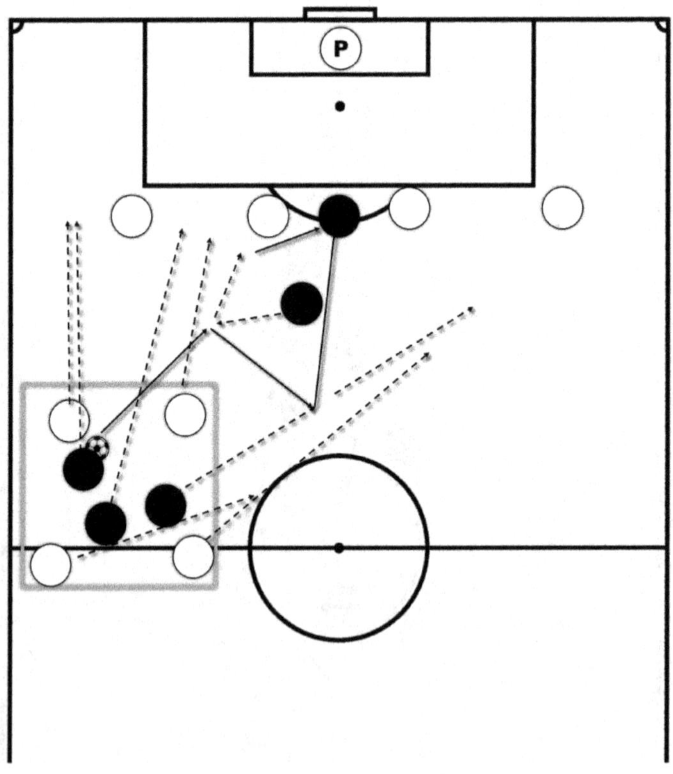

Tarea N° 15	Objetivo Principal	Mejora de la transición defensiva
	Jugadores	16

Explicación

En la disposición de la imagen. 7 jugadores de cada equipo con un balón cada uno en un cuadrado, dos fuera que se pasan el balón con la cabeza y cuando se les cae, van al cuadrado del otro equipo y presionan a los rivales e intentan sacar los balones fuera del cuadrado, al que le roban puede presionarle para recuperar su balón antes de que lo saque del cuadrado, si lo saca tendrá que abandonarlo. Ganará el color que antes saque a los rivales del cuadrado.

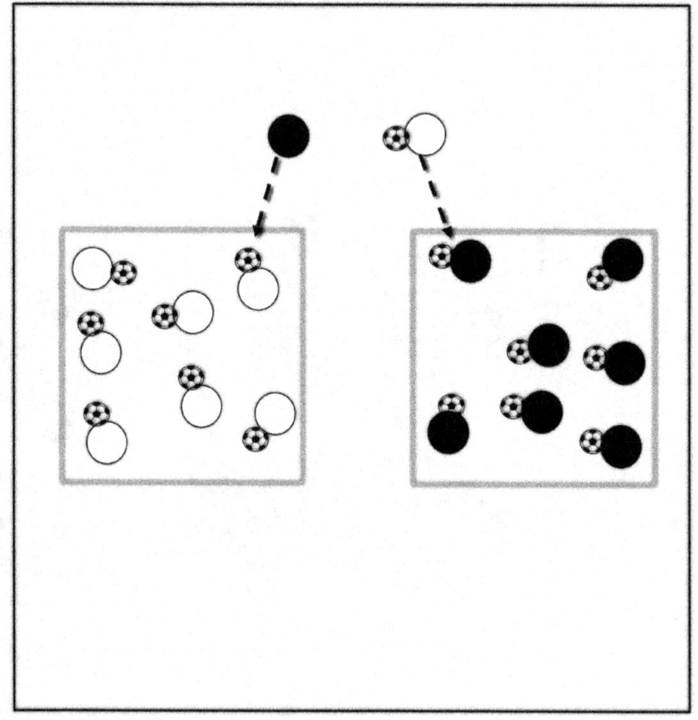

Tarea N° 16	Objetivo Principal	Mejora de transición defensiva
	Jugadores	18

Explicación

Dentro de rectángulo un equipo se pasa el balón y otro intenta robarlo, cuando pierden el balón el equipo que recuperó tiene que meterse cada jugador sin balón en un cuadrado pequeño y el que perdió presionar al que lo robó para recuperar antes que se ocupen todos los cuadrados pequeños.

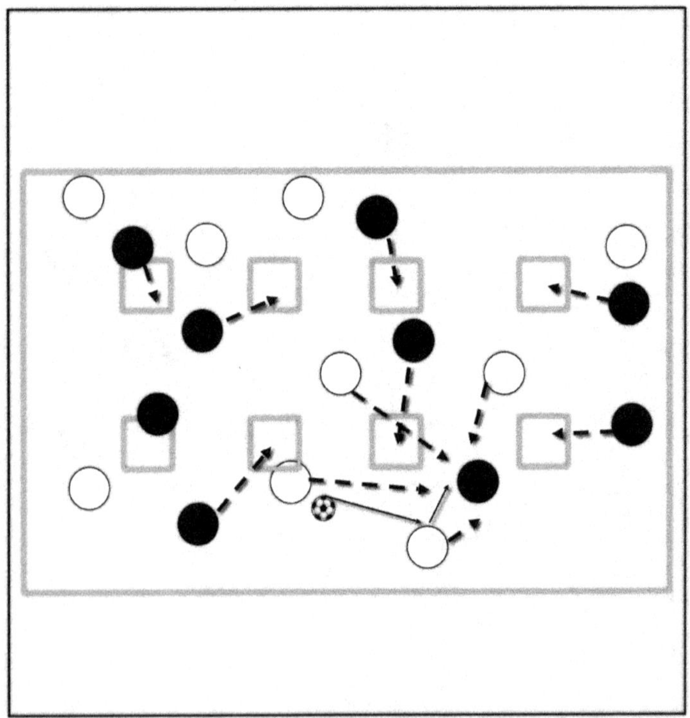

Tarea Nº 17	Objetivo Principal	Mejora de la transición defensiva
	Jugadores	18

Explicación

En la disposición de la imagen, El jugador que roba balón tiene que llevárselo al cuadrado donde están manteniendo el balón los jugadores de su equipo. Al jugador que le roban el balón tiene que intentar que no lo saque del cuadrado y si lo hace va al otro cuadrado a presionar e intentar robar rápido otro para traérselo a su cuadrado.

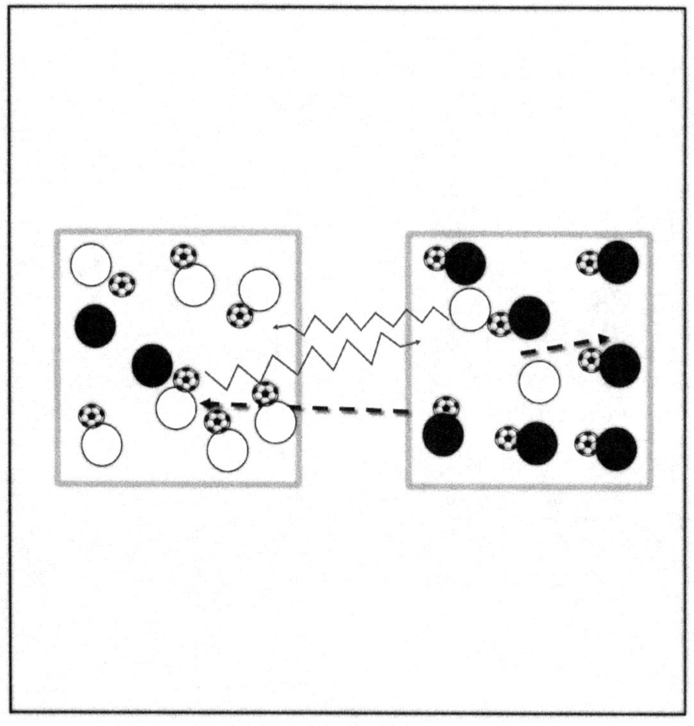

Tarea Nº 18	Objetivo Principal	Mejora de la transición defensiva
	Jugadores	19

Explicación

Los jugadores que tienen balón tienen que atravesar hasta la zona del fondo. Los que no tienen presionarán para robar cuando pasen al centro. Al jugador que le roben el balón podrá presionar a otro cuando se lo quiten si no llegó a la zona del fondo para robarle el balón antes que lo haga o quitárselo a otro antes de que llegue.

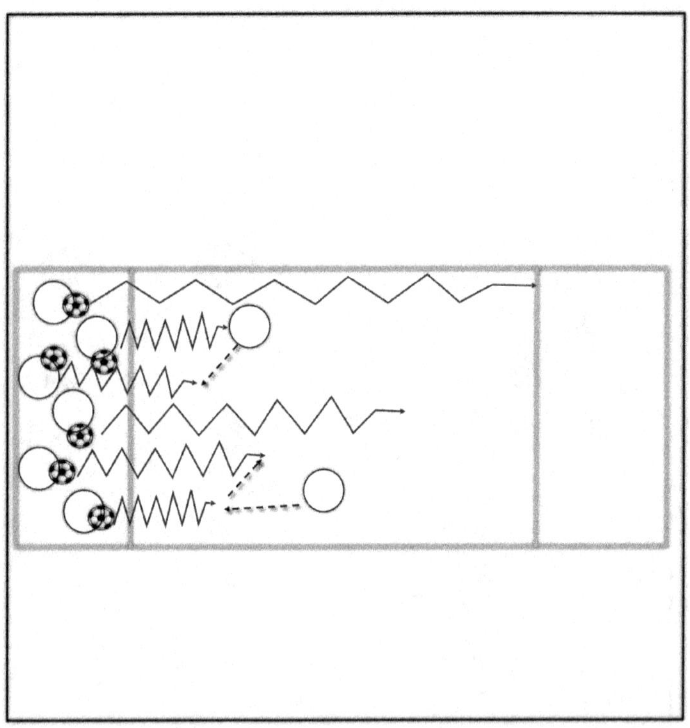

Tarea N° 19	Objetivo Principal	Mejora de la transición defensiva
	Jugadores	19

Explicación

Dentro del área los jugadores se pasan el balón por parejas y 5 jugadores intentan interceptar los pases, cuando un jugador intercepte un pase, el que pasó el balón y lo perdió cambia el rol con el que intercepto y tendrá que ir a interceptar otro pase.

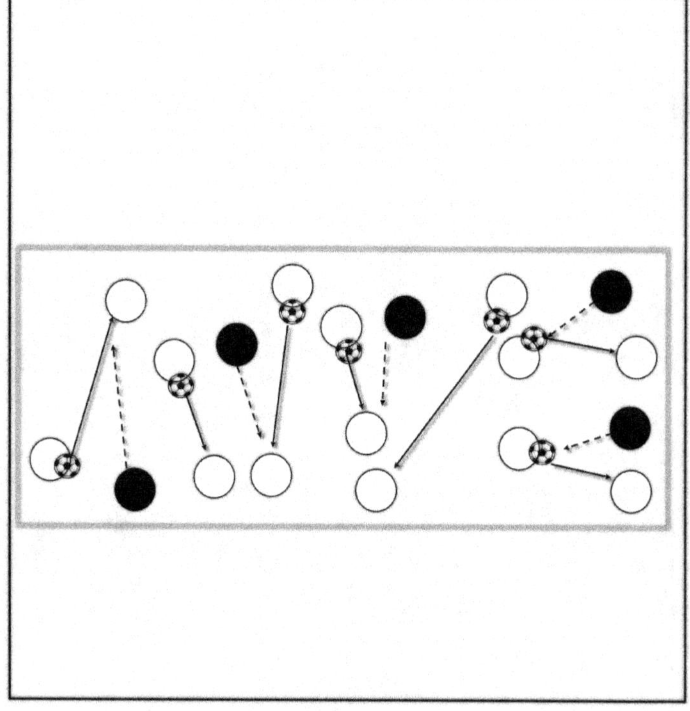

Tarea N° 20	Objetivo Principal	Mejora de la transición defensiva
	Jugadores	20

Explicación
Dentro del área los jugadores se pasan el balón por parejas y 4 jugadores presionan para robar, cuando un jugador roba un balón, el último que tocó el balón y lo perdió va a presionar al otro cuadrado a robar un balón. Al jugador que se lo robe irá al área a presionar a alguna pareja para robar el balón.

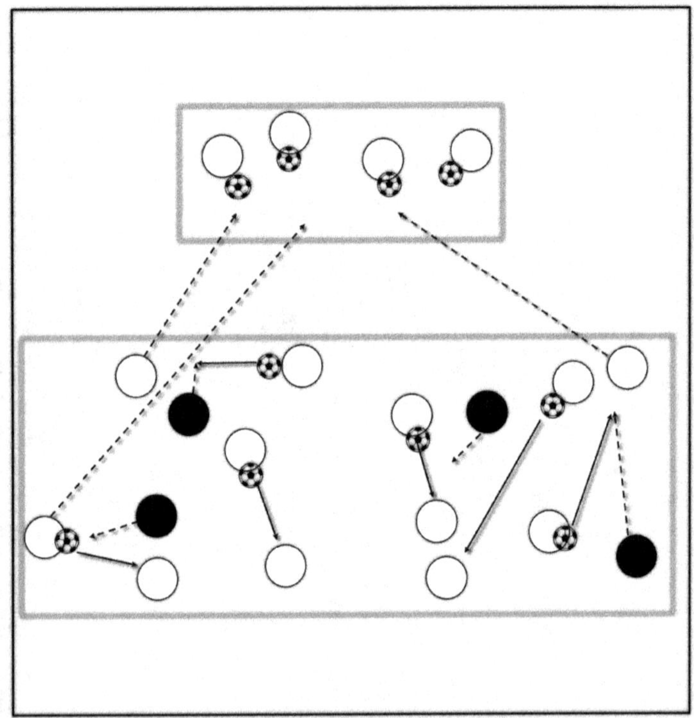

Tarea Nº 21	Objetivo Principal	Mejora de la transición defensiva
	Jugadores	11

Explicación

8 jugadores en el rectángulo de la mitad del campo conducen y hay 2 jugadores sin balón que presionan para robar, cuando recuperan intentan salir rápido con el balón y el que perdió intenta que no salgan con el balón presionándolo. Si logran salir con el balón van hacia la portería, lanzan y vuelven al rectángulo con balón. Los que perdieron el balón quedarán robando.

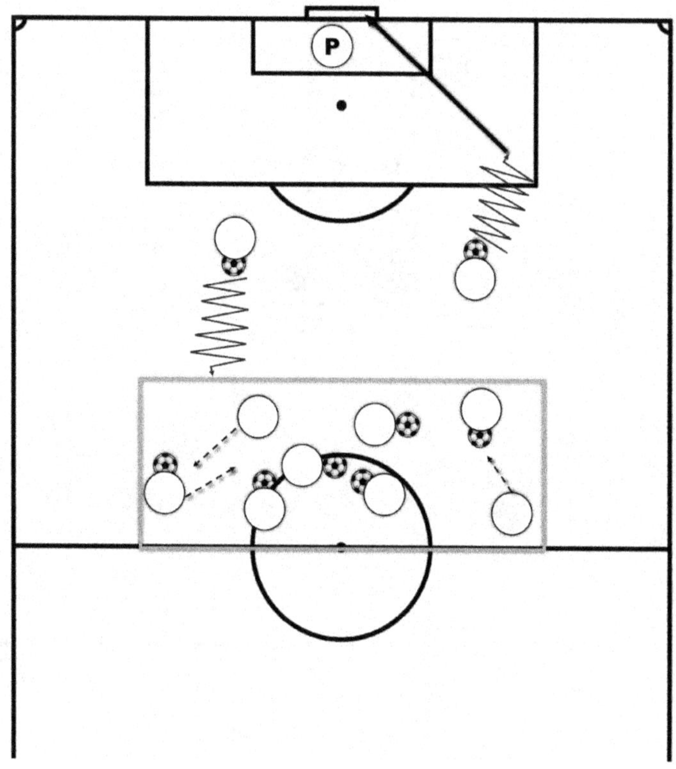

Tarea N° 22	Objetivo Principal	Mejora de la transición defensiva
	Jugadores	15 (6+3x6)

Explicación

En un hexágono se juega 6+3 contra 6 en la disposición de la imagen. Los que tienen la pelota y están por fuera pasan el balón junto con los del centro (equipo negro) y los 6 que están entre ellos (equipo blanco) intentan anticipar o interceptar el balón. Si roba el balón el equipo blanco, el equipo negro entrará a presionar para recuperar el balón y volver a sus posiciones.

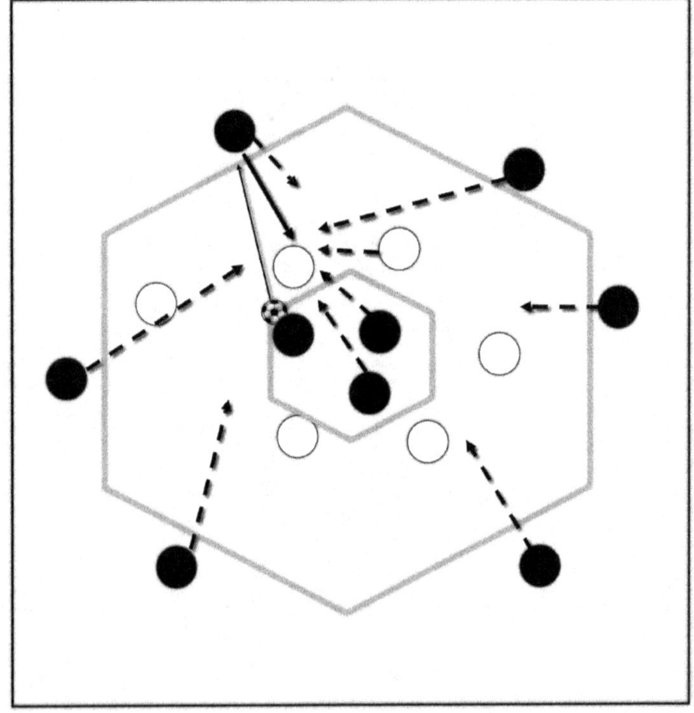

Tarea N° 23	Objetivo Principal	Mejora de la transición defensiva
	Jugadores	10 (5x5)
Explicación		

Juegan 5 contra 5 con marcas individuales, pero las marcas no pueden coincidir con las del otro equipo cuando no tiene el balón. Cuando pierdan el balón deberán presionar cada uno a su marca.

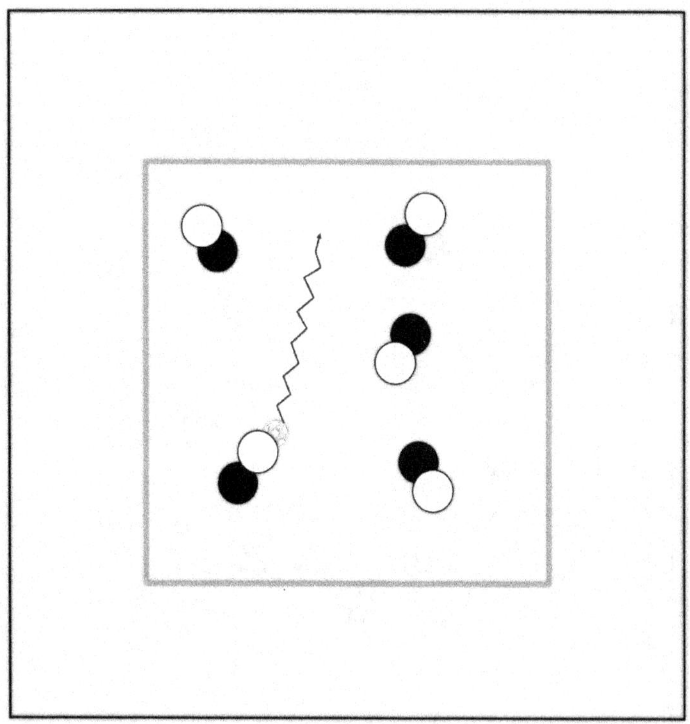

Tarea N° 24	Objetivo Principal	Mejora de la transición defensiva
	Jugadores	12 (2+4x4+2)

Explicación

Los jugadores distribuidos como en la imagen. El equipo blanco tiene el balón con sus dos jugadores más por dentro. El equipo negro cuando roba, tiene que jugar rápido con algún jugador de los que esta fuera, para que entren y cambiar el rol con el equipo blanco. El equipo blanco presionará para que no puedan jugar con los jugadores de fuera cuando pierdan el balón. SI logran jugar con los jugadores de fuera del cuadrado cambian los roles y salen dos jugadores del equipo blanco.

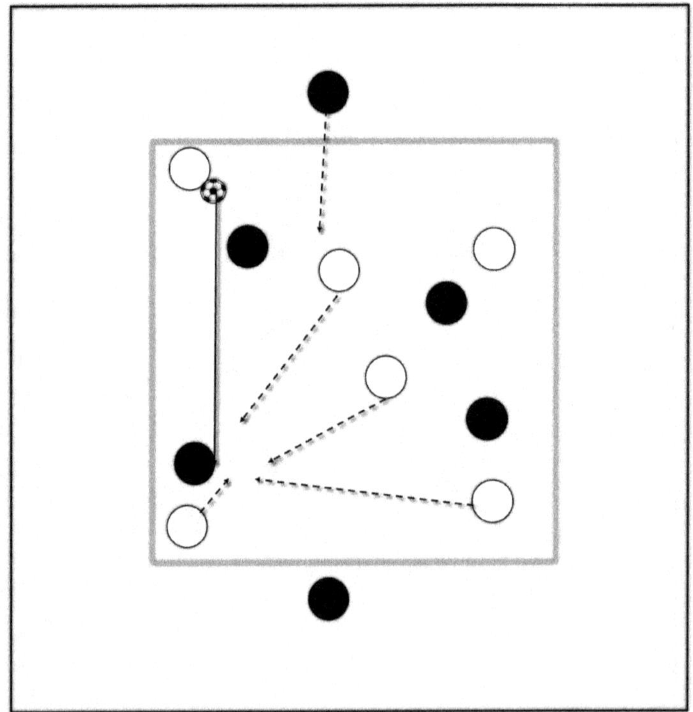

Tarea N° 25	Objetivo Principal	Mejora de la transición defensiva
	Jugadores	14 (7x7)

Explicación

El equipo poseedor (blanco) intenta mantener la posesión de balón en la superficie del cuadrado, el equipo que no tiene balón (negro) tiene que robar el balón y cuando lo hace, el equipo que perdió presionará para recuperar el balón antes de que todos los jugadores del equipo que que lo robó abandonen el cuadrado.

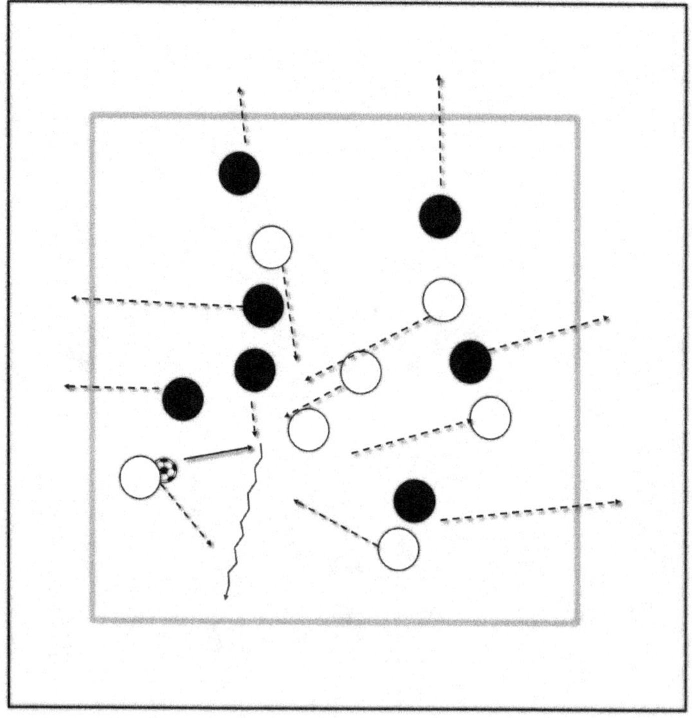

Tarea N° 26	Objetivo Principal	Mejora de la transición defensiva
	Jugadores	11 (5x5+C)

Explicación

Los equipos situados como en la imagen. El equipo que está por fuera se pasa el balón y cuando el equipo que está por dentro roba el balón, los jugadores del equipo de fuera entran en el cuadrado para que los que robaron no puedan jugar con el comodín.

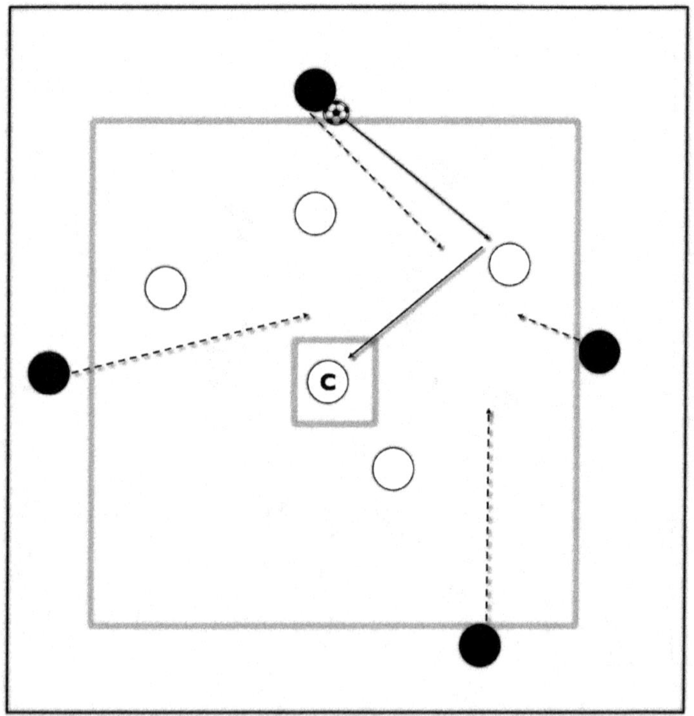

Tarea N° 27	Objetivo Principal	Mejora de la transición defensiva
	Jugadores	14 (7x7)
Explicación		

El equipo poseedor (blanco) intenta mantener la posesión de balón en la superficie del cuadrado mayor, el equipo que no tiene balón (negro) tiene que robar el balón y cuando lo hace, entrar rápido con el balón controlado en el cuadrado del centro. El equipo blanco, cuando pierde tendrá que salir del cuadrado antes de que el equipo negro entre en el cuadrado pequeño con el balón controlado para seguir con la posesión de balón.

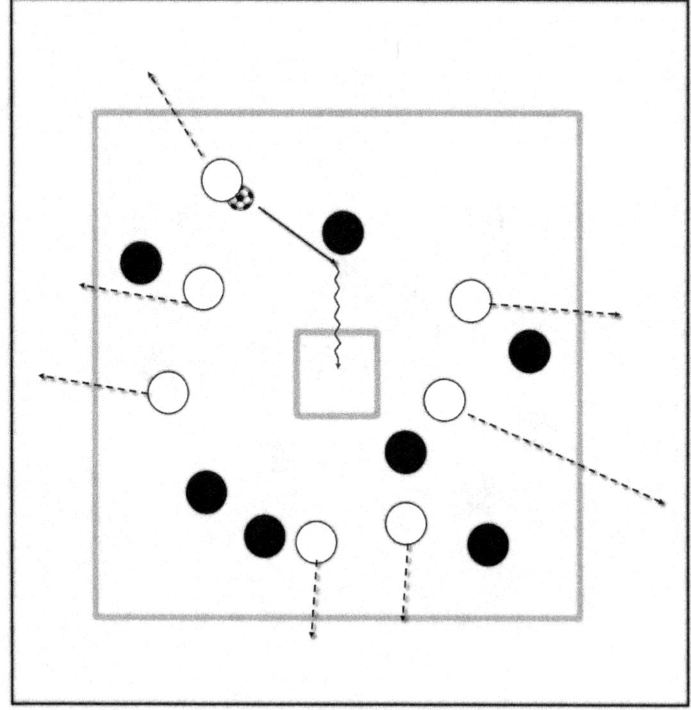

Tarea N° 28	Objetivo Principal	Mejora de la transición defensiva
	Jugadores	14 (7x7)

Explicación

El equipo poseedor (blanco) intenta mantener la posesión de balón en la superficie del cuadrado mayor, el equipo que no tiene balón (negro) tiene que robar el balón y cuando lo hace salir rápido con el balón controlado del cuadrado grande. El equipo blanco, cuando pierde tendrá meterse en el cuadrado pequeño antes de que el equipo negro saque el balón.

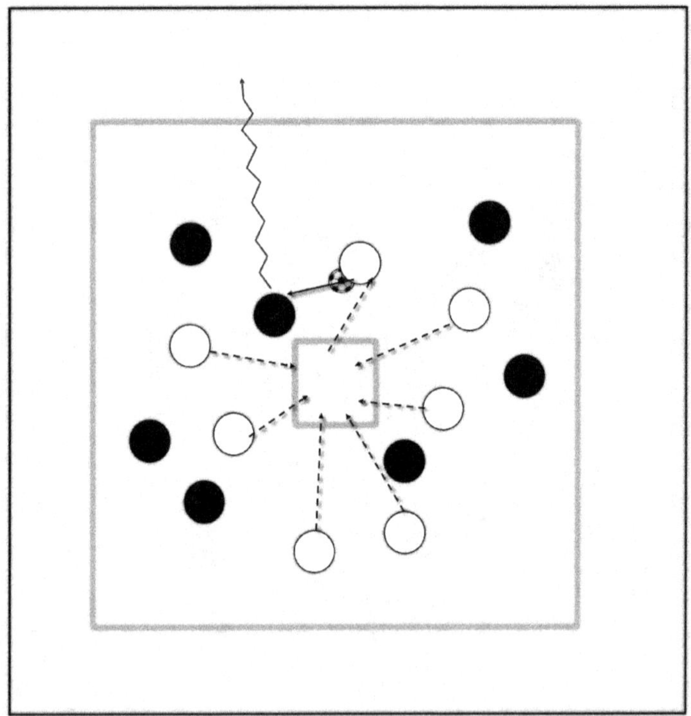

Tarea N° 29	Objetivo Principal	Mejora de la transición defensiva
	Jugadores	8 (4x4)

Explicación

Los jugadores del equipo negro cada uno en un cuadrado y los del equipo blanco sobre las líneas divisorias se pasarán el balón. Cuando el equipo negro recupere, los blancos irán hacia el poseedor de balón para presionarlo y recuperar.

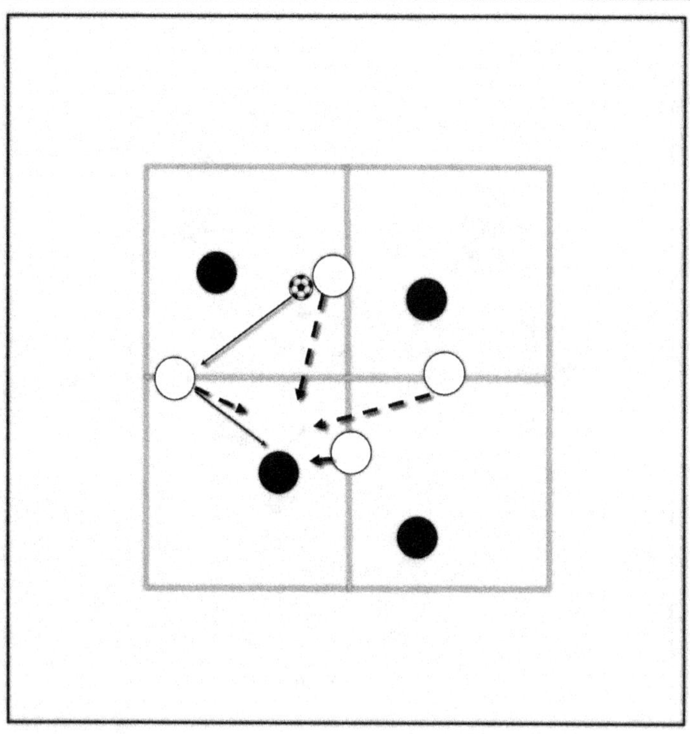

Tarea N° 30	Objetivo Principal	Mejora de la transición defensiva
	Jugadores	10 (5x5)

Explicación

Los jugadores del equipo negro con libertad de movimientos por el cuadrado se pasan el balón y los del equipo blanco sobre las líneas divisorias podrán interceptar o anticipar. Cuando el equipo negro pierda el balón presionará a blanco que no se podrá mover de las líneas.

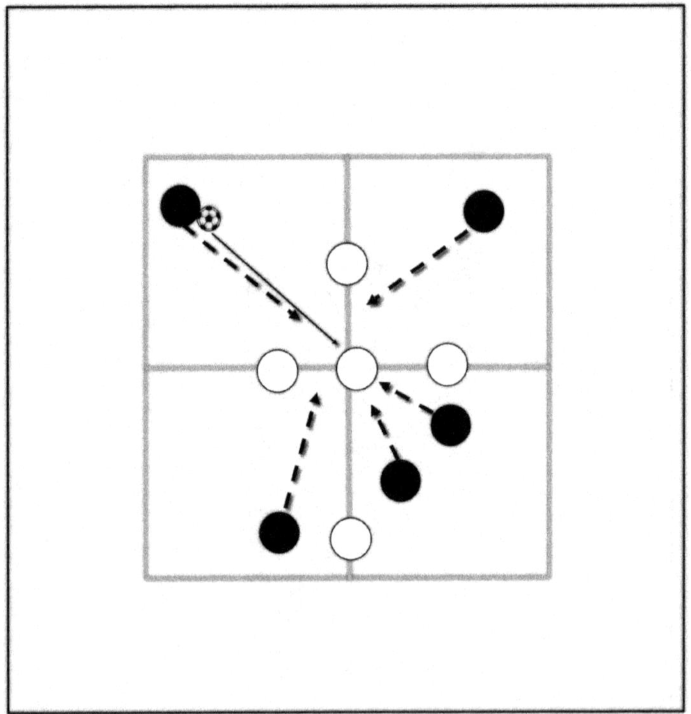

Tarea N° 31	Objetivo Principal	Mejora de la transición defensiva
	Jugadores	12 (4x4+4C)
Explicación		

Los jugadores distribuidos como en la imagen. El equipo blanco tiene el balón sin los comodines. Cuando el equipo negro recupere el balón los comodines entrarán para presionar al equipo negro, cuando recupere el balón el equipo blanco los comodines vuelven a sus posiciones a la espera de que haya una pérdida para entrar a recuperar de nuevo.

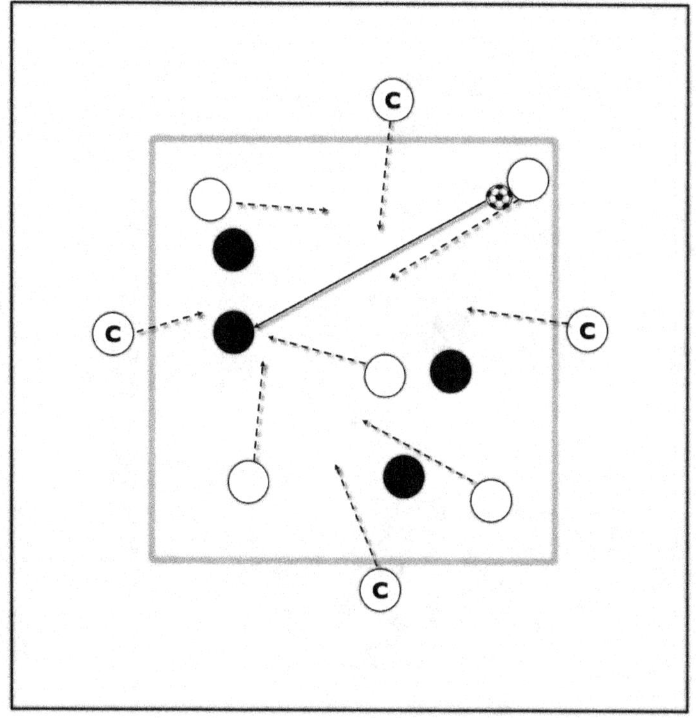

Tarea Nº 32	Objetivo Principal	Mejora de la transición defensiva
	Jugadores	12 (4+4x4+4)

Explicación

Los jugadores distribuidos como en la imagen. Cuando un equipo pierde el balón los 4 jugadores colocados en las líneas entran a presionar y cuando recuperan el balón vuelven a las líneas y no participan.

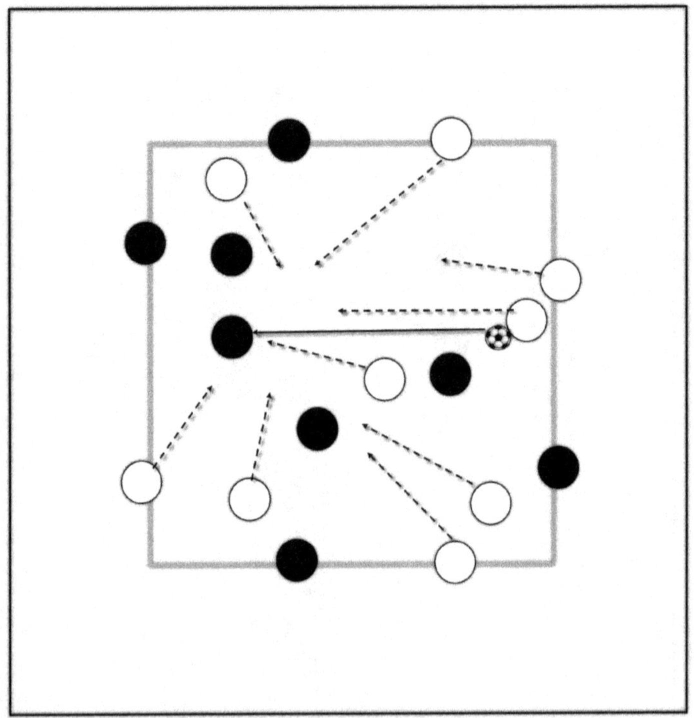

Tarea N° 33	Objetivo Principal	Mejora de la transición defensiva
	Jugadores	22

Explicación

En la disposición de la imagen. Pasan 4 contra 2 en cada cuadrado (menos en uno que pasan el balón entre ellos mientras llegan de otro cuadrado a presionarles). Cuando roban o sale el balón, los dos últimos en tocar el balón irán a robar al cuadrado que no tenga nadie robando y los que robaron asumirán el rol de los que mantenían.

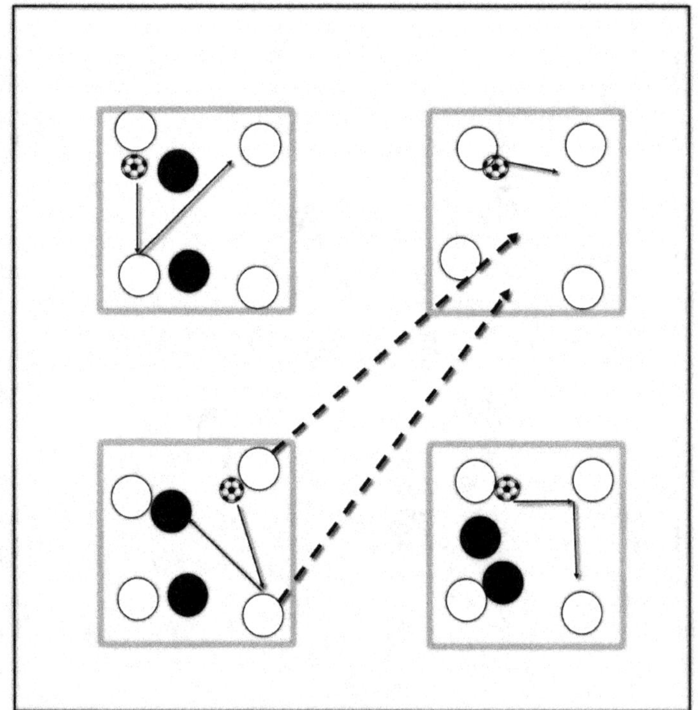

Tarea N° 34	Objetivo Principal	Mejora de la transición defensiva
	Jugadores	11 (5x5+P)

Explicación

Jugarán 5 contra 5 con un portero en una portería abierta (el gol es válido por los dos lados de la portería) en el interior del cuadrado. Cuando un equipo recupera el balón, el equipo que perdió presionará rápido para recuperar el balón y que no puedan hacer gol en la portería.

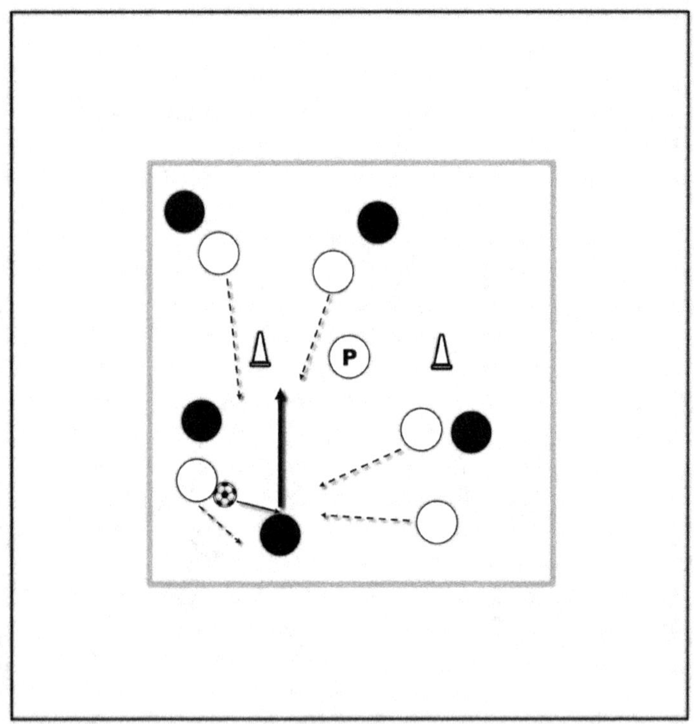

Tarea N° 35	Objetivo Principal	Mejora de la transición defensiva
	Jugadores	8 (4x4)

Explicación

Los jugadores en un cuadrado partido por la mitad y distribuidos como en la imagen. Un equipo tiene que mantener el balón en una mitad y el otro en la otra. Cuando recuperan el balón juegan rápido con el compañero que estaba en la otra mitad. Se irán ambos equipos a jugar al nuevo espacio, dejando los dos equipos un jugador cada uno en la mitad para cuando la recuperen de nuevo los que perdieron intentar volver s su mitad.

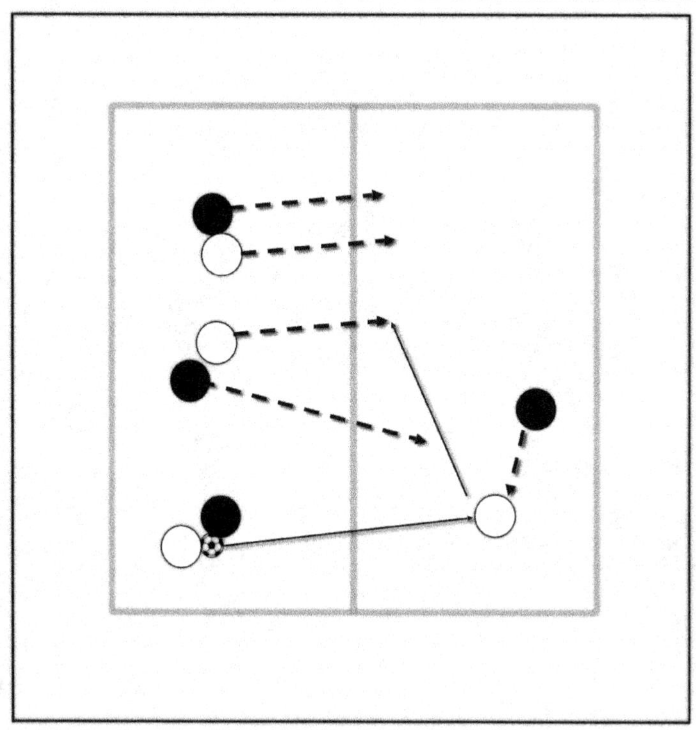

Tarea N° 36	Objetivo Principal	Mejora de la transición defensiva
	Jugadores	17 (8x8+C)
Explicación		

En un rectángulo dividido en dos cuadrados, con un pasillo central, el comodín se sitúa en el pasillo y los equipos se reparten 4 contra 4 en cada cuadrado. Cada vez que un equipo recupera, tiene que pasar a sus compañeros de la otra mitad. El comodín intentará interceptar los pases para que el balón no salga de la mitad en la que se está jugando.

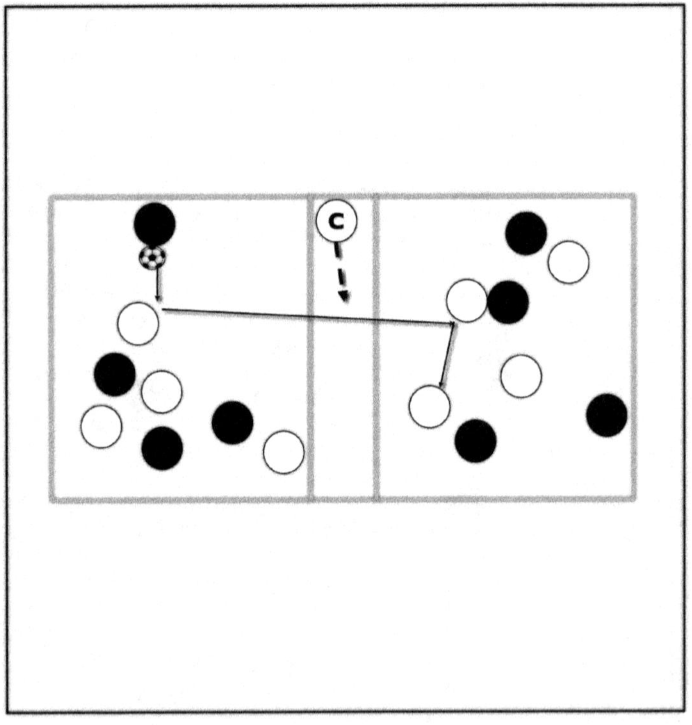

Tarea N° 37	Objetivo Principal	Mejora de la transición defensiva
	Jugadores	11 (5x5+P)

Explicación

Jugarán 5 contra 5 con un portero en una portería. Cuando un equipo recupera el balón, el equipo que perdió presionará rápido para recuperar el balón y que no puedan hacer gol en la portería.

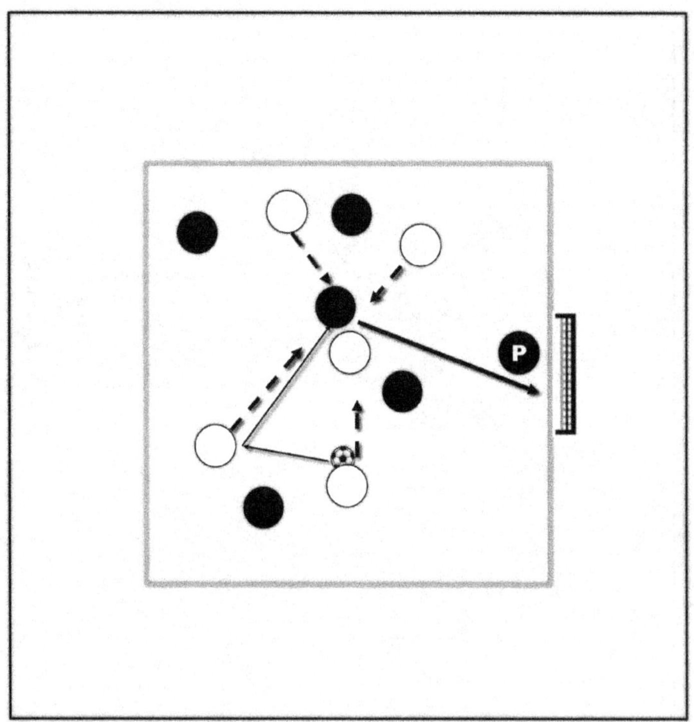

Tarea N° 38	Objetivo Principal	Mejora de la transición defensiva
	Jugadores	10 (4x4+1+P)

Explicación

En un rectángulo con un pasillo cercano a la portería, se colocan dos equipos. Un equipo mantendrá el balón y el otro intentará robar y hacer un uno contra uno contra el comodín e intentar finalizar la jugada. El otro presionará para que no lleguen al pasillo del comodín. Sólo un jugador puede entrar en el pasillo del comodín.

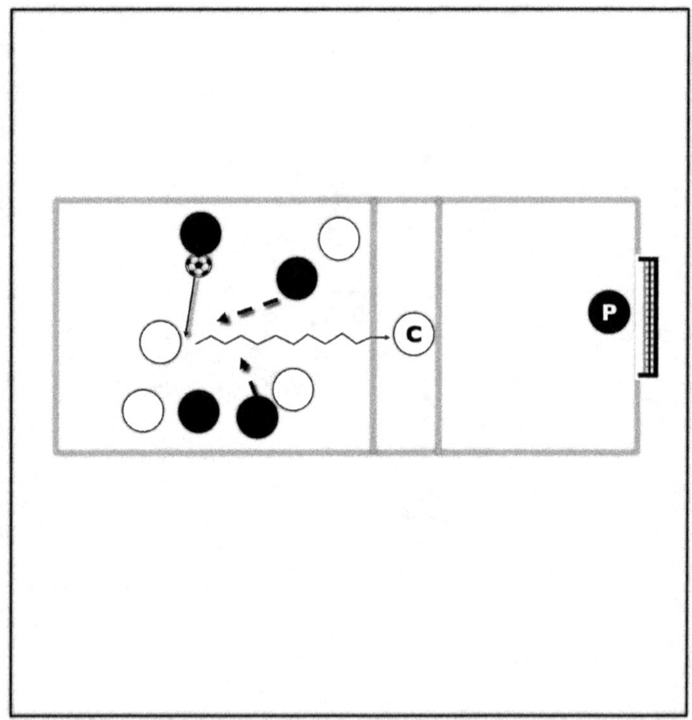

Tarea N° 39	Objetivo Principal	Mejora de la transición defensiva
	Jugadores	11 (4+1x4+1+P)

Explicación

En un rectángulo con un pasillo cercano a la portería, se colocan dos equipos como en la imagen. Un equipo mantendrá el balón y el otro intentará robar y pasar al jugador que está cercano a la portería para que finalice. El otro presionará para que pueda pasar y el jugador del pasillo intentará interceptar el pase.

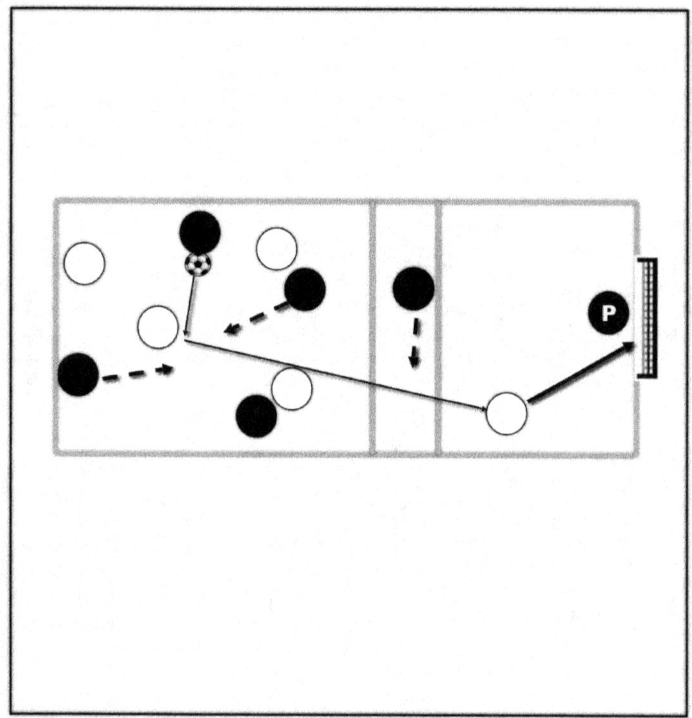

Tarea N° 40	Objetivo Principal	Mejora de la transición defensiva
	Jugadores	9 (4x4+P)

Explicación

En un rectángulo dividido en dos cuadrados, los jugadores se colocan en la disposición de la imagen. El equipo que no tiene el balón (negro) intenta quitar el balón y llevárselo a la otra mitad y hacer gol. El otro equipo (blanco) cuando pierde el balón presionará para recuperar rápido y que no puedan irse al otro cuadrado y tirar a la portería.

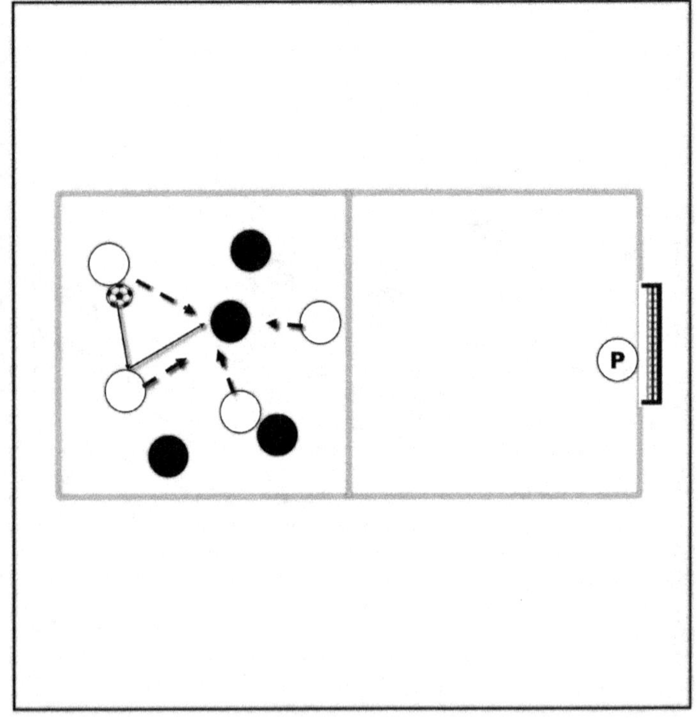

Tarea N° 41	Objetivo Principal	Mejora de la transición defensiva
	Jugadores	10 (P+4x4+C)

Explicación

En un rectángulo dividido en dos cuadrados, los jugadores se colocan en la disposición de la imagen. El equipo que no tiene el balón (negro) intenta quitar el balón y pasarlo al comodín para hacer gol. El otro equipo (blanco) cuando pierde el balón presionará para recuperar rápido y que no puedan pasar al comodín. Si pasan al comodín, este no podrá tirar a portería y si los jugadores del equipo blanco entran en el cuadrado donde está el comodín antes que hagan gol, el gol no valdrá.

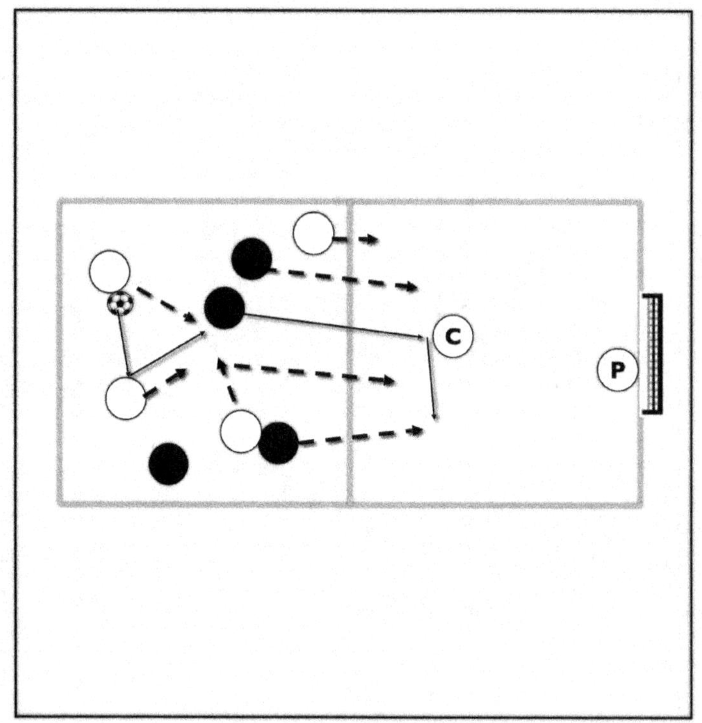

Tarea N° 42	Objetivo Principal	Mejora de la transición defensiva
	Jugadores	11 (4+Px4+P+C)

Explicación

En un cuadrado dividido en dos partes con dos porterías y porteros. Los jugadores atacantes y defensores no podrán salir de su mitad. Cuando pierdan el balón intentarán recuperar rápido, si están en campo contrario para hacer gol y si están en su campo para llevarlo al campo contrario.

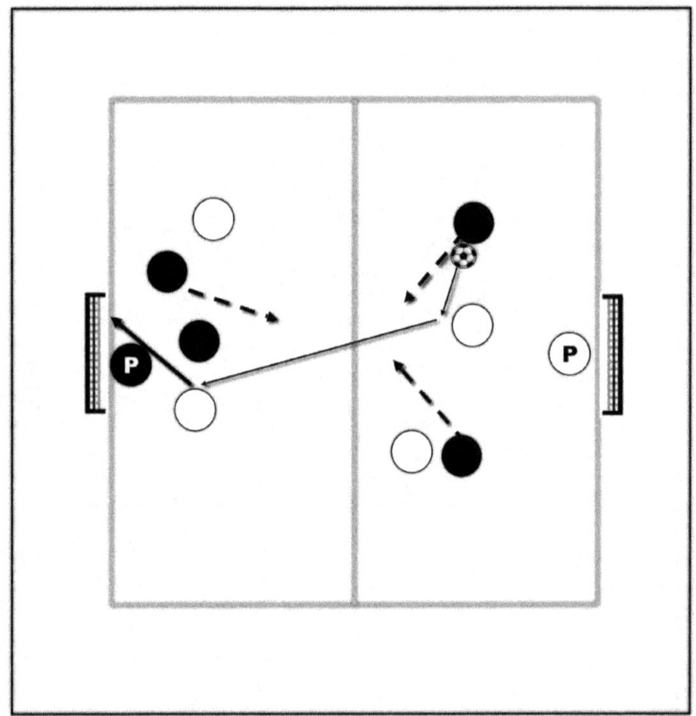

Tarea N° 43	Objetivo Principal	Mejora de la transición defensiva
	Jugadores	10 (4+Px4+P)

Explicación

En un rectángulo dividido en dos cuadrados, los jugadores se colocan en la disposición de la imagen. El equipo que no tiene el balón (negro) intentará quitar el balón, que no haga gol el otro equipo (blanco) y llevárselo a la otra mitad. El otro equipo (blanco) cuando pierde el balón presiona para recuperar rápido y hacer gol en la portería. El gol del equipo negro no valdrá si el blanco esta en su mitad.

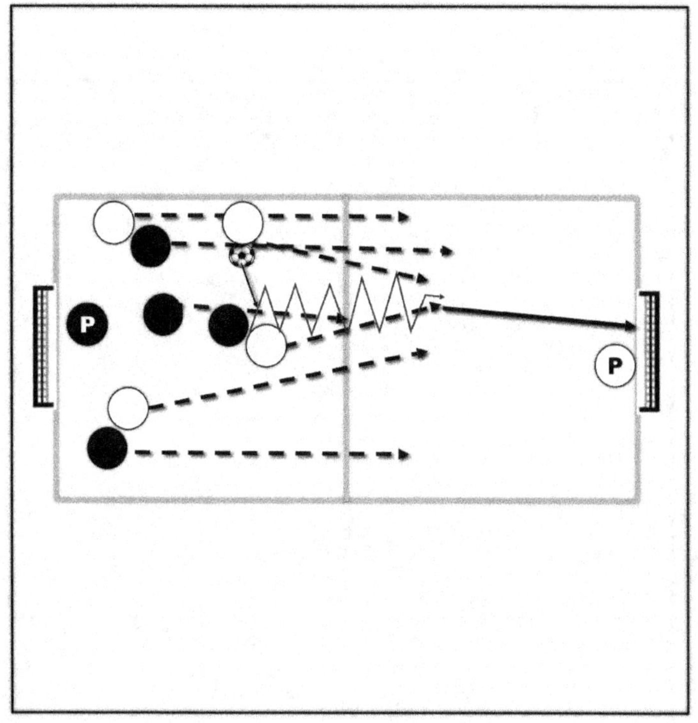

Tarea Nº 44	Objetivo Principal	Mejora de la transición defensiva
	Jugadores	(P+3x1+P+2)

Explicación

Atacan 3 contra 1 y cuando tiran, pierden el balón o sale fuera, entran 2 jugadores de la línea de fondo para atacar la portería alejada junto con el jugador que defendía y los que atacaban presionarán para recuperar después del tiro y que no se acerquen a su portería.

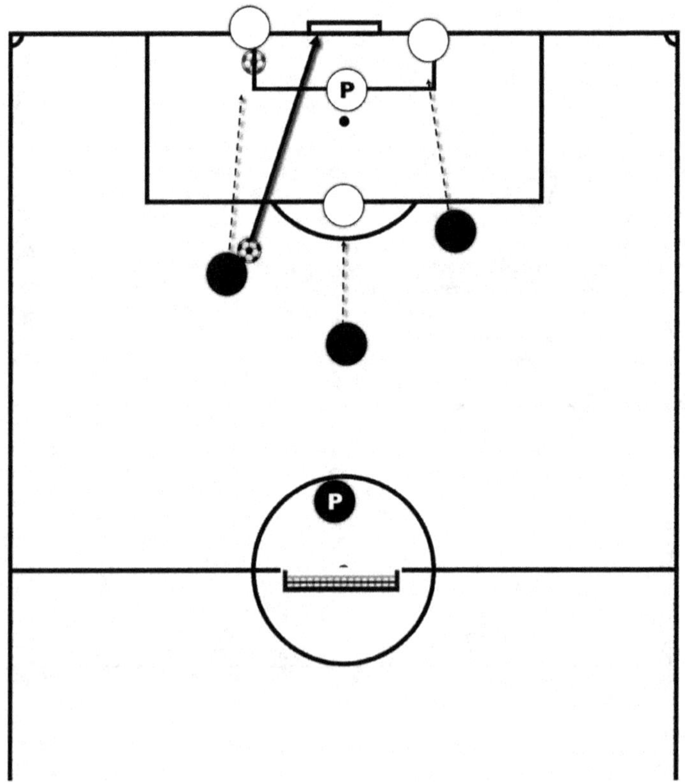

Tarea N° 45	Objetivo Principal	Mejora de la transición defensiva
	Jugadores	20 (7+Px7+4+P)

Explicación

Los jugadores distribuidos como en la imagen. El equipo que inicia el juego, junto con los comodines (que sólo se moverán como apoyos en las líneas de banda) cada vez que pierda el balón presionarán (junto con los comodines) para recuperar hasta que se consiga un gol o salga el balón. Cuando esto pase, atacará el otro equipo con la ayuda de los comodines y para la presión cuando lo pierdan.

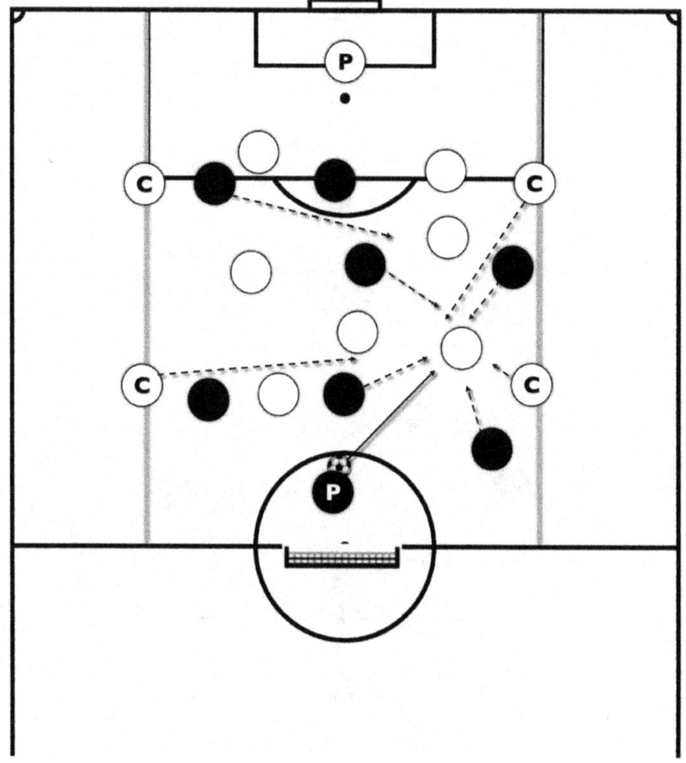

Tarea N° 46	Objetivo Principal	Mejora de la transición defensiva
	Jugadores	18 (P+8x8+P)
Explicación		

Lo jugadores distribuidos como en la imagen. El equipo blanco cuando roba el balón juga con el jugador de la línea para atacar sobre la portería y los de los vértices del equipo negro presionarán con todo el equipo para que no puedan atacar y que el balón vuelva al cuadrado.

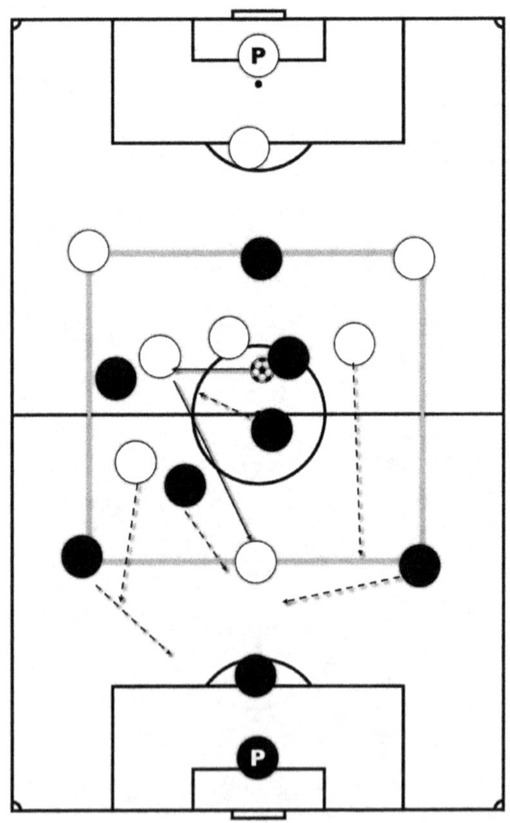

Tarea N° 47	Objetivo Principal	Mejora de la transición defensiva
	Jugadores	20 (P+4x4+2C+4x4+P)

Explicación

Los jugadores distribuidos como en la imagen y con el campo dividido en tres zonas (cómo en la imagen). Cuando un equipo pierde el balón presionará para recuperarlo y el que lo recupera, tendrá que pasar por la zona del centro y los comodines intentarán que no lo hagan interceptando los pases o presionando para recuperar el balón.

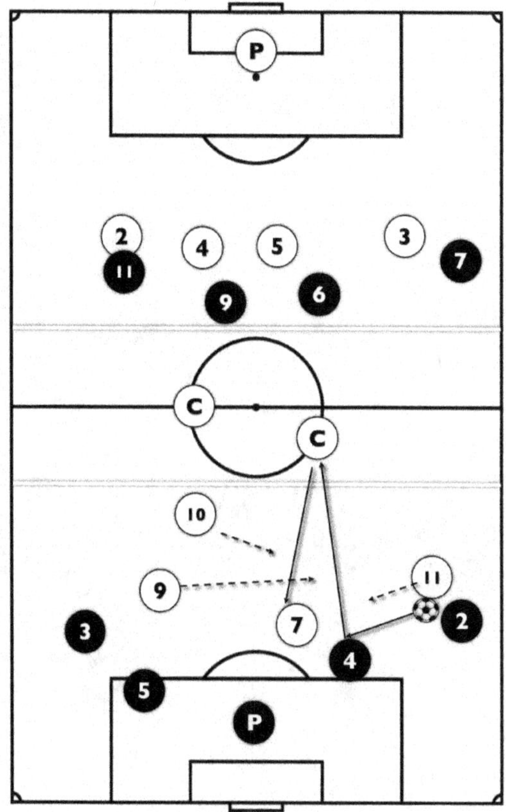

Tarea N° 48	Objetivo Principal	Mejora de la transición defensiva
	Jugadores	22 (10+Px10+P)
Explicación		

Partido con en el que los dos equipos presionarán alto la salida del equipo contrario y el equipo que saca el balón cuando pierda el balón en el inicio de la salida, presionará rápido para recuperar. Una vez que los equipos pasen el centro del campo el rival replegará.

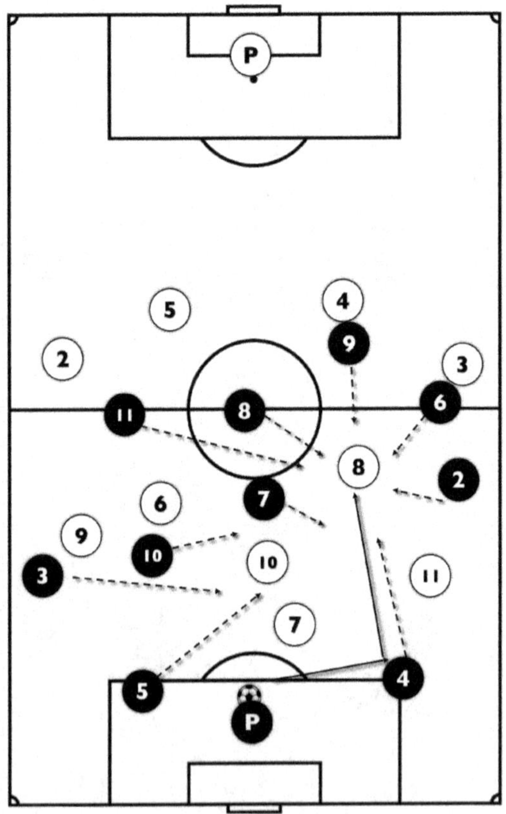

Tarea N° 49	Objetivo Principal	Mejora de la transición defensiva
	Jugadores	22 (10+Px10+P)

Explicación

Partido con en el que los dos equipos cuando pierdan el balón tendrán que replegar y colocar a 4 jugadores por delante del portero en los cuadrados. Para que el gol valga el rival no puede tener los 4 cuadrados ocupados. Si los ocupa teniendo el balón el otro equipo se reanudará el partido con balón a tierra en el centro del campo

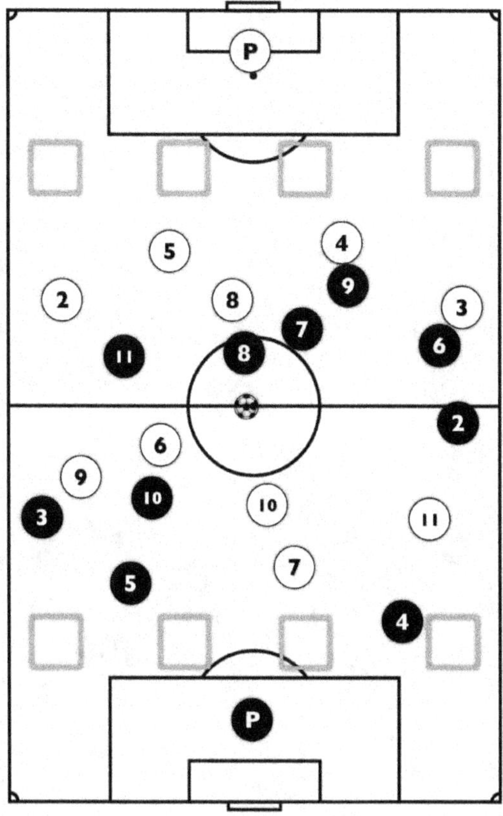

Tarea Nº 50	Objetivo Principal	Mejora de la transición defensiva
	Jugadores	22 (10+Px10+P)
	Explicación	

Partido en el que los dos equipos presionarán con marcas individuales al equipo contrario por todo el campo cada vez que se produzca una pérdida de balón. Las marcas no podrán ser las mismas en un equipo que en otro.

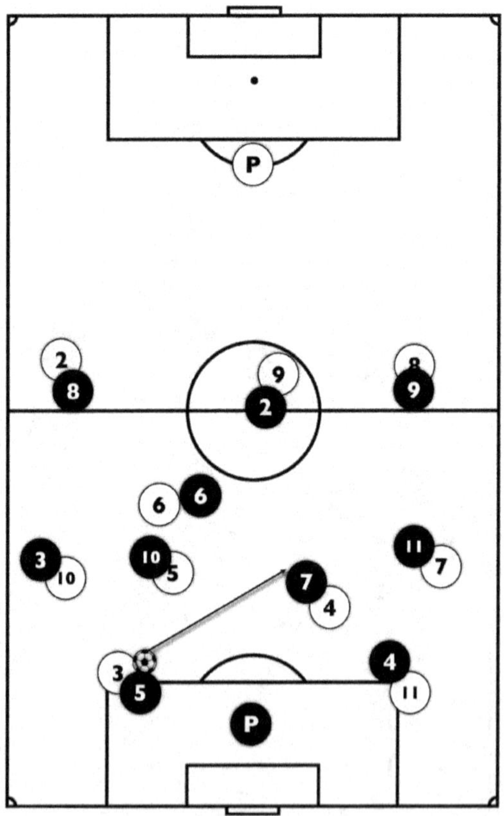

BIBLIOGRAFÍA

- Tamarit, X. (2007): *¿Qué es la periodización Táctica?* Editorial M.C. Sports.

- Castellano, J y Casamichana, D. (2016): *El arte de planificar en fútbol.* Editorial Fútbol de Libro.

- Portugal, M. A. (2018): *El entrenamiento en Fútbol. Rondos y mantenimientos.* Editorial Lisma.

- Juan Sánchez, D. (2016): *La Periodización Táctica en Fútbol Base y Aficionado: Aplicación práctica para categoría infantil, cadete, juvenil o aficionado.* Autoedición.

- Conde, M. (2000): *Contraataque.* Instituto Monsa de Ediciones.

- Couto, A. (2015): *Las grandes escuelas del Fútbol Moderno.* Editorial Fútbol de libro.

- Bangsbo, J. y Peitersen, B. (2002): *Fútbol: Jugar en defensa.* Editorial Paidotribo. Barcelona.

- Castellano, Julen y Casamichana, David (2016): *El arte de planificar en fútbol,* Editorial Futbol de libro.

- Castellano, Julen; Casamichana, David y San Román, Jaime (2015): *Los juegos reducidos en el entrenamiento del fútbol.* Editorial Futbol de libro.

- Cano Moreno, Oscar (2010): *Fútbol: Entrenamiento global basado en la interpretación del juego.* Editorial Wanceulen.

- López López, Javier (2009): *Fundamentos tácticos ofensivos.* Editorial Wanceulen.

- López López, Javier (2009): *Fundamentos tácticos defensivos.* Editorial Wanceulen.

- López López, Javier (2009): *500 juegos para el entrenamiento físico con balón.* Editorial Wanceulen.

- López López, Javier (2009): *400 tareas integradas para el entrenamiento de la táctica ofensiva.* Editorial Wanceulen.

- López López, Javier; Wanceulen Moreno, Antonio; Wanceulen Moreno, José F. y Bernal Ruiz, Javier (2009): *225 juegos para el entrenamiento integrado del pase en el fútbol.* Editorial Wanceulen.

- González, Alberto (2013): *Fútbol. Dinámica del juego desde la perspectiva de las transiciones.* Editorial Learning 11.

- Fradua, Luis (1997): *La visión periférica del futbolista.* Editorial Paidotribo.

- Mayer, R. (1996): *Fichas de fútbol. 120 juegos de ataque y defensa.* Hispano Europea. Barcelona.

- Garganta, J. y Pinto, J. en Graça, A. y Oliveira, J. (1997): *La enseñanza de los juegos Deportivos.* Editorial Paidotribo.

- Castelo, J. (1999): *Futbol. Estructura y dinámica del juego.* Editorial INDE. Barcelona.

- Caneda, R. (1999): *La zona en Fútbol.* Editorial Wanceulen. Sevilla.

- Seirul´lo, F. (1999): *Criterios modernos del entrenamiento en el fútbol.* Revista Training Fútbol. Valladolid.

- García Ocaña, Francisco (2008): *Fútbol y Fútbol sala: 250 actividades sociomotrices.* Editorial Paidotribo. Barcelona.

- López López, Javier (2013): *Fútbol: Senior (2013): 175 fichas de sesiones de entrenamiento.* Editorial Wanceulen. Sevilla.

- López López, Javier (2013): *Fútbol: Juveniles: 160 fichas de sesiones de entrenamiento.* Editorial Wanceulen. Sevilla.

- López López, Javier (2009): Fútbol: *1380 Juegos globales para el aprendizaje y perfeccionamiento de la técnica ofensiva y defensiva.* Editorial Wanceulen. Sevilla.

- López López, Javier (2008): *Fútbol: Cadetes: 160 fichas de sesiones de entrenamiento.* Editorial Wanceulen. Sevilla.

- López López, Javier (2013): *Fútbol: Infantiles: 120 fichas de sesiones de entrenamiento.* Editorial Wanceulen. Sevilla.

- López López, Javier (2008): *Fútbol: Alevines: 120 fichas de sesiones de entrenamiento.* Editorial Wanceulen. Sevilla.

- López López, Javier (2013): *Fútbol: Benjamines: 80 fichas de sesiones de entrenamiento.* Editorial Wanceulen. Sevilla.

- López López, Javier (2009): *Fútbol: Prebenjamines: 80 fichas de sesiones de entrenamiento.* Editorial Wanceulen. Sevilla.

www.ingramcontent.com/pod-product-compliance
Lightning Source LLC
LaVergne TN
LVHW051310200726

843510LV00010B/1359